Mitos, teorias e verdades sobre altas habilidades/ superdotação

EDITORA intersaberes

O selo DIALÓGICA da Editora InterSaberes faz referência às publicações que privilegiam uma linguagem na qual o autor dialoga com o leitor por meio de recursos textuais e visuais, o que torna o conteúdo muito mais dinâmico. São livros que criam um ambiente de interação com o leitor – seu universo cultural, social e de elaboração de conhecimentos –, possibilitando um real processo de interlocução para que a comunicação se efetive.

Mitos, teorias e verdades sobre altas habilidades/superdotação

Elizabeth Regina Streisky de Farias

EDITORA intersaberes

Rua Clara Vendramin, 58 . Mossunguê
CEP 81200-170 . Curitiba . PR . Brasil
Fone: (41) 2106-4170
www.intersaberes.com
editora@editoraintersaberes.com.br

Conselho editorial
Dr. Ivo José Both (presidente)
Drª Elena Godoy
Dr. Neri dos Santos
Dr. Ulf Gregor Baranow

Editora-chefe
Lindsay Azambuja

Gerente editorial
Ariadne Nunes Wenger

Preparação de originais
Thayana de Souza Araujo Dantas

Edição de texto
Caroline Rabelo Gomes
Natasha Saboredo

Capa e projeto gráfico
Iná Trigo (*design*)
agsandrew/Shutterstock (imagem)

Diagramação
Estúdio Nótua

Equipe de *design*
Mayra Yoshizawa
Iná Trigo

Iconografia
Celia Kikue Suzuki
Regina Claudia Cruz Prestes

Dados Internacionais de Catalogação na Publicação (CIP)
(Câmara Brasileira do Livro, SP, Brasil)

Farias, Elizabeth Regina Streisky de
    Mitos, teorias e verdades sobre altas habilidades/superdotação/ Elizabeth Regina Streisky de Farias. Curitiba: InterSaberes, 2020. (Série Panoramas da Psicopedagogia)

    Bibliografia.
    ISBN 978-65-5517-011-5

    1. Crianças superdotadas 2. Crianças superdotadas – Educação 3. Crianças superdotadas – Relações com a família 4. Desenvolvimento pessoal 5. Superdotados I. Título. II. Série.

20-34093   CDD-371.95

Índices para catálogo sistemático:
1. Superdotados: Educação 371.95

Cibele Maria Dias – Bibliotecária – CRB-8/9427

1ª edição, 2020.

Foi feito o depósito legal.

Informamos que é de inteira responsabilidade da autora a emissão de conceitos.

Nenhuma parte desta publicação poderá ser reproduzida por qualquer meio ou forma sem a prévia autorização da Editora InterSaberes.

A violação dos direitos autorais é crime estabelecido na Lei n. 9.610/1998 e punido pelo art. 184 do Código Penal.

Sumário

Apresentação, 9
Como aproveitar ao máximo este livro, 11

Capítulo 1   Altas habilidades/superdotação: histórico e classificação, 16
       1.1 Inteligência: o contexto histórico, 17
       1.2 Conceituando altas habilidades/superdotação, 24
       1.3 Legislação de altas habilidades/superdotação no Brasil, 28
       1.4 Classificação, 36
       1.5 Mitos e crenças, 42

Capítulo 2   Precocidade, criatividade, talento e genialidade, 54
       2.1 Primeiras definições e distinções, 55
       2.2 Precocidade, 56
       2.3 Criatividade, 59
       2.4 Talento, 63
       2.5 Genialidade, 66
       2.6 Identificação de altas habilidades/superdotação, 69

Capítulo 3   Altas habilidades/superdotação: perspectivas e concepções contemporâneas, 78
       3.1 A concepção de superdotação dos três anéis de Joseph Renzulli, 79
       3.2 A teoria das inteligências múltiplas de Howard Gardner, 84

3.3 Teoria triárquica de Sternberg, 89
3.4 Teoria do Modelo Diferenciado de Superdotação e Talento, 94
3.5 Diálogo da abordagem histórico-cultural de Vygotsky e as AH/SD: possibilidades de um viés teórico, 98

Capítulo 4   O desenvolvimento do aluno com altas habilidades/superdotação: o papel da família e da escola, 108

4.1 Escola e família frente às altas habilidades/superdotação, 109
4.2 As expectativas frente às altas habilidades/superdotação: os mitos e os preconceitos, 114
4.3 O papel da família no incentivo aos talentos, 117
4.4 O papel da família e da escola na potencialização das altas habilidades/superdotação, 122
4.5 O papel da escola no processo de inclusão do aluno com altas habilidades/superdotação, 127

Capítulo 5   Procedimentos didáticos para estudantes com altas habilidades/superdotação: classe comum e atendimento especializado, 138

5.1 O aparato legal no atendimento às altas habilidades/superdotação, 140
5.2 A legislação brasileira direcionada ao atendimento das altas habilidades/superdotação, 144

5.3 O Atendimento Educacional Especializado direcionado às altas habilidades/superdotação, 150
5.4 As práticas educacionais direcionadas às altas habilidades/superdotação, 156
5.5 O desenvolvimento de projetos de enriquecimento curricular, 162

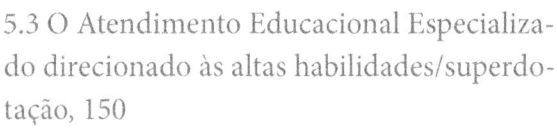

Capítulo 6 Altas habilidades/superdotação: encorajando potencialidades, 172
6.1 Aspecto pessoal e social da pessoa com altas habilidades/superdotação, 174
6.2 A importância do desenvolvimento da criatividade, 177
6.3 O papel do psicopedagogo no atendimento do aluno com altas habilidades/superdotação, 183
6.4 O desenvolvimento cognitivo e emocional do indivíduo com altas habilidades/superdotação, 186
6.5 Características que impactam no desenvolvimento social das altas habilidades/superdotação, 191

Considerações finais, 201
Referências, 207
Bibliografia comentada, 231
Respostas, 233
Sobre a autora, 235

Apresentação

Caro leitor, é com imensa satisfação que socializamos com você este livro, que trata do tema altas habilidades/superdotação (AH/SD). No primeiro capítulo, apresentaremos os conceitos de AH/SD e inteligência, as formas de classificação e os mitos e as crenças que permeiam as altas habilidades/superdotação.

No segundo capítulo, debateremos sobre *precocidade, criança prodígio, talento* e *gênio* – uma discussão de esclarecimento necessária –, haja vista que esses termos são comumente confundidos com altas habilidades/superdotação. Elencaremos, ainda, as diversas características que envolvem as AH/SD.

No terceiro capítulo, identificaremos algumas teorias que auxiliam na fundamentação de altas habilidades/superdotação (AH/SD). Nessa caminhada, perpassaremos pela teoria dos três anéis, concebida por Joseph Renzulli; pela teoria das inteligências múltiplas, proposta por Howard Gardner; pela teoria triárquica da inteligência, difundida por Robert Sternberg; pelo Modelo Diferenciado de Superdotação e Talentos (MDST), preconizado por Françoys Gagné e pela abordagem histórico-cultural, de Lev Vygotsky.

No quarto capítulo, abordaremos o papel da família como primeira a identificar e acolher a criança com AH/SD. Enfatizaremos que, por meio do acolhimento da família a essa condição peculiar da criança, a construção da imagem positiva que o indivíduo com AH/SD desenvolverá de si mesmo será mais palpável, o que o ajudará no desenvolvimento de suas potencialidades e em seu equilíbrio social e emocional. A escola também será analisada como segmento importante na inclusão desse aluno e no encaminhamento de práticas e de programas adequados à potencialização de seus talentos.

No quinto capítulo, discutiremos as possibilidades de intervenções pedagógicas que podem ser realizadas na escola, destacando a necessidade de um trabalho articulado entre todos os profissionais envolvidos, de modo especial entre o professor do atendimento educacional especializado e o professor da classe comum.

No sexto e último capítulo, abordaremos as características do desenvolvimento pessoal e social dos alunos com AH/SD, evidenciando a possibilidade de descompasso entre o desenvolvimento cognitivo e emocional do indivíduo, o que pode gerar desequilíbrio caso não receba atendimento adequado.

Bons estudos!

Como aproveitar ao máximo este livro

Empregamos nesta obra recursos que visam enriquecer seu aprendizado, facilitar a compreensão dos conteúdos e tornar a leitura mais dinâmica. Conheça a seguir cada uma dessas ferramentas e saiba como elas estão distribuídas no decorrer deste livro para bem aproveitá-las.

Introdução do capítulo
Logo na abertura do capítulo, informamos os temas de estudo e os objetivos de aprendizagem que serão nele abrangidos, fazendo considerações preliminares sobre as temáticas em foco.

Curiosidade
Nestes boxes, apresentamos informações complementares e interessantes relacionadas aos assuntos expostos no capítulo.

Para saber mais

Sugerimos a leitura de diferentes conteúdos digitais e impressos para que você aprofunde sua aprendizagem e siga buscando conhecimento.

Importante!

Algumas das informações centrais para a compreensão da obra aparecem nesta seção. Aproveite para refletir sobre os conteúdos apresentados.

Preste atenção!

Apresentamos informações complementares a respeito do assunto que está sendo tratado.

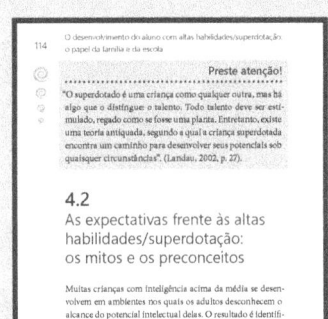

Síntese

Ao final de cada capítulo, relacionamos as principais informações nele abordadas a fim de que você avalie as conclusões a que chegou, confirmando-as ou redefinindo-as.

> **Preste atenção!**
>
> "O superdotado é uma criança como qualquer outra, mas há algo que o distingue: o talento. Todo talento deve ser estimulado, regado como se fosse uma planta. Entretanto, existe uma teoria antiquada, segundo a qual a criança superdotada encontra um caminho para desenvolver seus potenciais sob quaisquer circunstâncias". (Landau, 2002, p. 27).

4.2
As expectativas frente às altas habilidades/superdotação: os mitos e os preconceitos

Muitas crianças com inteligência acima da média se desenvolvem em ambientes nos quais os adultos desconhecem o alcance do potencial intelectual delas. O resultado é identificação equivocada, como se essas crianças tivessem problemas de conduta ou fossem indisciplinadas. Na verdade, o comportamento inadequado ocorre em razão de frustrações com o cotidiano escolar e com a falta de atividades estimulantes e desafiadoras.

Sem dúvida, a educação de alunos com AH/SD é um grande desafio, principalmente porque não é possível seguir padrões preestabelecidos para a maioria dos alunos. Um dos desafios da educação dos superdotados é a expectativa que se cria, muitas vezes equivocada, a respeito do potencial desses

---

Síntese

Nesse capítulo, tivemos a oportunidade de refletir sobre o que é *precocidade*, *criança prodígio*, *talento*, *criatividade* e *genialidade*, haja vista que esses termos têm sido comumente confundidos na literatura e dos como sinônimos de AH/SD. Assim, iniciamos nossa imersão no entendimento do que significa *precocidade*, percebendo que crianças precoces apresentam um desenvolvimento mais rápido do que o esperado se comparadas a outras da mesma faixa etária. Na sequência, vimos que o prodígio é aquele que tem um desempenho altamente elevado no desenrolar de atividades, por exemplo, com menos de 10 anos de idade atingir o nível de um sujeito adulto capacitado em alguma área que demanda muito esforço. Conferimos também o significado de *criatividade* e notamos que ela está presente em todos os seres humanos, mas em intensidade diferente, uma vez que se manifesta de várias maneiras e é influenciada por fatores ambientais. Os traços criativos evidenciam-se por comportamentos visíveis, seja no pensar, seja no fazer, e podem ser expressos nas diversas formas de linguagens: fala; gestos; música; artes plásticas; matemática, entre outras. Entendemos que *talento* refere-se à maestria superior em habilidades que são desenvolvidas a partir do treino sistemático e do domínio de conhecimento em pelo menos uma área da atividade humana; mas quando se trata de relacioná-lo às AH/SD, não há um conceito único difundido pela literatura pertinente. Posteriormente, discutimos sobre o que é genialidade e aprendemos que um sujeito só deve ser denominado *gênio* quando tiver deixado algum feito para a humanidade. Por fim, conhecemos a maneira pela

Atividades de autoavaliação

Apresentamos estas questões objetivas para que você verifique o grau de assimilação dos conceitos examinados, motivando-se a progredir em seus estudos.

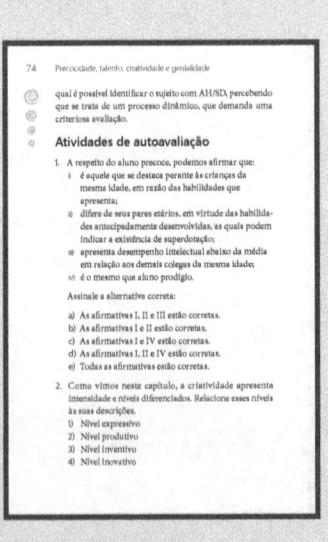

Atividades de aprendizagem

Aqui apresentamos questões que aproximam conhecimentos teóricos e práticos a fim de que você analise criticamente determinado assunto.

---

74 Precocidade, talento, criatividade e genialidade

qual é possível identificar o sujeito com AH/SD, percebendo que se trata de um processo dinâmico, que demanda uma criteriosa avaliação.

Atividades de autoavaliação

1. A respeito do aluno precoce, podemos afirmar que:
   i) é aquele que se destaca perante às crianças da mesma idade, em razão das habilidades que apresenta;
   ii) difere de seus pares etários, em virtude das habilidades antecipadamente desenvolvidas, as quais podem indicar a existência de superdotação;
   iii) apresenta desempenho intelectual abaixo da média em relação aos demais colegas da mesma idade;
   iv) é o mesmo que aluno prodígio.

   Assinale a alternativa correta:
   a) As afirmativas I, II e III estão corretas.
   b) As afirmativas I e II estão corretas.
   c) As afirmativas I e IV estão corretas.
   d) As afirmativas I, II e IV estão corretas.
   e) Todas as afirmativas estão corretas.

2. Como vimos neste capítulo, a criatividade apresenta intensidade e níveis diferenciados. Relacione esses níveis às suas descrições.
   1) Nível expressivo
   2) Nível produtivo
   3) Nível inventivo
   4) Nível inovativo

---

136 O desenvolvimento do aluno com altas habilidades/superdotação: o papel da família e da escola

d) V, V, F, V, V.
e) F, V, F, F, V.

Atividades de aprendizagem

Questões para reflexão

1. Considerando que as pessoas com AH/SD, quando estimuladas em excesso, podem ter comportamentos inadequados, como teimosia, dificuldades em cumprir regras, entre outros, quais medidas podem ser adotadas de modo a contribuir para que o aluno sinta-se acolhido e tenha sucesso na escola?

2. A respeito do desenvolvimento emocional e cognitivo dos indivíduos com AH/SD, é possível afirmar que um aluno nessa condição também precisa ser estimulado para que possa encontrar um caminho para seu desenvolvimento. Sendo assim, enumere algumas formas de a escola estimular esses indivíduos.

Atividade aplicada: prática

1. As pessoas com AH/SD, diferente do que muitos pensam, podem ter muitas dificuldades acadêmicas ou de interação. Cite e explique duas dificuldades que esses indivíduos podem ter na escola.

Bibliografia comentada

Nesta seção, comentamos algumas obras de referência para o estudo dos temas examinados ao longo do livro.

Bibliografia comentada

ALENCAR, E. M. L. S. de. Como desenvolver o potencial criador: um guia para a liberação da criatividade em sala de aula. 11. ed. Petrópolis: Vozes, 2009.

O livro trata sobre diversos aspectos da criatividade, como a imaginação, os motivos da personalidade do indivíduo, as maneiras para se escolher problemas de sala de aula e os bloqueios emocionais. Além disso, sugere estratégias para a promoção de uma criatividade como um dom limitado a poucas pessoas. Imagina-se que possa nos desenvolver as características que possuímos.

ASSIS, A. L. A. Influências da psicanálise na educação: uma prática psicopedagógica. 2. ed. rev. Curitiba: Ibpex, 2007. (Série Psicologia em Sala de Aula)

A autora dessa obra salienta a importância dos saberes e teorias da psicologia freudiana para a aplicabilidade das técnicas de aprendizagem em sala de aula, para que os alunos dos professores e de suas disciplinas proporcionem um melhor entendimento sobre o comportamento dos alunos.

CARVALHO, R. E. Educação inclusiva: com os pingos nos "is". 10. ed. Porto Alegre: Mediação, 2014.

A autora, que tem se engajado muito relativo a aspectos econômicos, educação de Surdos, destaca a influência em nível político que presencia nos que se desenvolvem ao seus diversos políticas e teorias sobre vantagens e consequências para uma série de incentivos construídos na implementação dos processos inclusivos, em certos sentidos da assistência dos professores.

1
Altas habilidades/superdotação: histórico e classificação

Neste capítulo, convidamos você, leitor, a refletir sobre altas habilidades/superdotação (AH/SD), apresentando seus conceitos, contextualizando historicamente *inteligência* e tratando de suas principais formas de classificação, bem como os mitos e as crenças que permeiam as AH/SD.

1.1 Inteligência: o contexto histórico

Refletir sobre a inteligência humana é um assunto complexo, haja vista que a capacidade de compreender as ideias, adaptar-se ao meio ambiente e ao pensamento lógico difere-se entre os sujeitos. É mister salientar que o desempenho intelectual de um indivíduo também varia conforme a ocasião e os diferentes domínios e critérios.

Após esse preâmbulo, cabe ressaltar que *inteligência* é um vocábulo derivado do latim *intelligentia* e corresponde ao "conjunto de funções psíquicas e psicofisiológicas que contribuem para o conhecimento, para a compreensão da natureza das coisas e do significado dos fatos" e pode significar, ainda, "faculdade de conhecer, compreender e aprender [...] capacidade de compreender e resolver novos problemas e conflitos e de adaptar-se a novas situações" (Houaiss; Villar, 2009).

Nesse sentido, a palavra *inteligência* nos remete ao conhecimento, à compreensão e ao entendimento, ou seja, indica a capacidade do sujeito de interligar as ideias que nem sempre estão explicitamente relacionadas.

Para Lopes et al. (2012, p. 110), a "inteligência é um construto e uma maneira de estudar a dimensão do funcionamento mental e refere-se à totalidade das habilidades cognitivas de um sujeito, ligadas à capacidade de identificar e encontrar soluções de novos problemas". Já Dalgalarrondo (2008, p. 277, grifo do original), define a inteligência como

o conjunto das habilidades cognitivas do indivíduo, a resultante, o vetor final dos diferentes processos intelectivos. Refere-se à **capacidade de identificar e resolver problemas novos**, de reconhecer adequadamente as situações vivenciais cambiantes e **encontrar soluções, as mais satisfatórias possíveis** para si e para o ambiente, respondendo às exigências de adaptação biológica e sociocultural.

Conforme podemos perceber, o meio social em que o sujeito está inserido exerce importante papel no processo de estimulação da inteligência. Historizar sobre esse assunto remonta aos primórdios da humanidade. De acordo com Relvas (2012, p. 84), "muitas facetas da evolução da inteligência humana são ainda matéria de considerável mistério, porque ela não pode ser observada diretamente no registro paleontológico, como um osso, ou dente". A inteligência humana passou a ser desvelada por meio de estudos realizados por cientistas sobre o aumento do tamanho da capacidade craniana e sobre os artefatos produzidos, como a fabricação de ferramentas para a caça, o cozimento de alimentos, o uso do fogo, entre outros.

Relvas (2012, p. 85) questiona por que a inteligência se desenvolveu em primatas e não em outras ordens animais, salientando que isso ocorreu "provavelmente pela inerente instabilidade de ambientes territoriais, quando comparados com os ambientes aquáticos, e quase certamente devido às séries de mudanças dramáticas no clima africano em certos pontos da história geológica". Todos esses fatos foram determinantes para que a inteligência e a linguagem, juntamente, constituíssem um avanço da evolução humana.

Dando um salto, chegamos ao século IV a.C., no qual podemos perceber que o conceito de inteligência, na condição de objeto de estudo da filosofia, esteve ligado aos contextos sociais, políticos e ideológicos e enaltecia as qualidades humanas vigentes na sociedade. De acordo Afonso (2007, p. 17)

> a noção de inteligência que transparece na *República* de Platão (428-347 a.C.) – onde [sic] a estrutura do Estado Ideal deve refletir os atributos intelectuais inatos dos seus cidadãos – tem como contexto o clima de reação política a um longo período liberal que culminara numa série de derrotas militares, reação que se consubstanciou na implantação de um novo regime, autoritário e de rígida estratificação social, ao qual Platão dava o maior apoio. Do mesmo modo, nos escritos da Idade Média, em geral da autoria de membros do clero, encontramos uma noção de inteligência que remete para a [sic] organização social e os [sic] valores dominantes da era feudal – saber o seu lugar e ser obediente em relação à autoridade instituída – surgindo mesmo, em Santo Agostinho (354-430 a.C.), uma acepção desfavorável atribuída à inteligência, por poder afastar dos desígnios divinos e do seio da Igreja [...].

Já na Idade Moderna (1453 a 1789), o conceito de inteligência se alterou. Para René Descartes, ser inteligente era ser capaz de distinguir entre o que é verdadeiro e falso; formar bons juízos e desenvolver uma maneira de aplicá-los (Afonso, 2007).

Afonso (2007, p. 18), menciona que

Até o século XIX, no quadro do domínio da escola filosófica empirista e associacionista, à inteligência é atribuído o carácter de associação de ideias simples provenientes da experiência, e as diferenças que se observam na inteligência, como noutras faculdades humanas, são decorrentes do exercício ou da prática [...].

A partir do século XIX, houve um aumento no interesse de desvendar os mistérios da inteligência humana e os precursores das teorias que surgiram sobre esse aspecto foram Herbert Spencer (1820-1903) e Francis Galton (1822-1911). O segundo defendia que a inteligência consistia no reflexo de habilidades sensoriais e perceptivas, as quais eram geneticamente transmitidas. O crédito por tal hipótese também deve ser atribuído a Raymond Cattell (1905-1998), que enfatizava que os testes baseados em habilidades simples eram importantes instrumentos para avaliar o desempenho acadêmico (Woyciekoski; Hutz, 2009). Woyciekoski e Hutz (2009, p. 2) enfatizam, porém, que "estudos posteriores demonstraram que escalas baseadas em habilidades simples não constituíam preditoras de sucesso acadêmico, além de não serem adequadas para medir a inteligência".

No entanto, foi somente no século XX que surgiram as primeiras pesquisas significativas sobre a inteligência humana, as quais foram realizadas em 1904 por Alfred Binet (1857-1911), pesquisador francês que tentou mensurar a inteligência como o Quociente Intelectual (QI)[1], por meio de testes que

---

1 Os testes de QI tinham como finalidade responder a indagações sobre sucesso ou fracasso escolar de crianças e funcionavam como um mensurador de atributos vinculados à inteligência.

buscavam tecer relações entre a idade cronológica e a idade mental.

> **Curiosidade**
>
> O teste de inteligência era destinado a "avaliar a inteligência geral ou nível mental do indivíduo; [e] pode, inclusive, avaliar certos aspectos da inteligência condensados num só resultado, procurando-se, tanto quanto possível, obter uma avaliação independente dos antecedentes culturais" (Cabral; Nick, 1989, p. 193).

Woyciekoski e Hutz (2009, p. 2) acrescentam que

> Em 1905, ele [Alfred Binet] e Théophile Simon [1872-1961] criaram o primeiro teste satisfatório de inteligência, por meio de uma solicitação do Ministério de Educação Francês que objetivava diagnosticar crianças necessitadas de educação especializada [...] A escala Binet-Simon incluía itens que abrangiam a compreensão da linguagem e a habilidade de raciocinar a nível verbal e não verbal. Este teste constituiu a base de pesquisas futuras e foi utilizado em vários países e línguas. Após alguns anos, iniciaram-se as pesquisas em avaliação mental de adultos, especialmente quando em 1939, David Wechsler [1896-1981] criou a Escala Wechsler de Inteligência para Adultos (WAIS), também revisada posteriormente.

Partindo dessa concepção tradicional, baseada na abordagem psicométrica, que considerava a inteligência como algo inato, surgiram vários tipos de testes. De acordo com Woyciekoski e Hutz (2009, p. 2), "em 1904, Charles Spearman

[1863-1945] sugeriu a existência de um fator geral de inteligência (*g*), o qual permearia o desempenho em todas as tarefas intelectuais. Segundo ele, as pessoas seriam mais ou menos inteligentes, dependendo da quantidade de *g* que possuíam". Conforme os autores supracitados, Spearman sugeriu que o "*g* era um fator central e supremo em todas as medidas de inteligência, o qual representava a capacidade de raciocínio ou a gênese do pensamento abstrato" (Woyciekosky; Hutz, 2009, p. 2).

Com relação aos testes de inteligência, é mister salientar que alguns utilizam apenas um único item ou pergunta, como o *Peabody Picture Vocabulary Test* (PPVT) – uma medida de inteligência verbal das crianças – que, no Brasil, ficou conhecido como *Teste de Vocabulário por Imagens Peabody* – TVIP (Capovilla et al., 1997), *Raven's progressive matrices* (matrizes progressivas de Raven) ou *Escala Geral*, como também é conhecido no Brasil – um teste não verbal que requer raciocínio indutivo sobre padrões perceptivos; e outros incluem vários tipos diferentes de itens, tanto verbais quanto não verbais, como o Wechsler e o Stanford-Binet.

Apesar de terem exercido importante papel nos estudos iniciais da inteligência a partir do final do século XX, esses instrumentos psicométricos têm sido criticados por alguns pesquisadores que os consideram algo estanque desde o nascimento. Dentre os autores que contrapõem essa visão determinista, destacamos Jean Piaget (1896-1980), que afirma o seguinte:

> A inteligência não é inata, depende da riqueza de estímulos presentes no meio físico, social e cultural no qual a criança

vive. O conhecimento e a inteligência são progressivamente aprendidos por meio do relacionamento que o ser humano constrói comparativamente a outras ideias e conhecimentos já adquiridos. (Piaget, 1975, p. 273)

Alencar e Fleith (2001, p. 52-53) também alertam sobre o uso dos testes de inteligência:

> Sabemos que tradicionalmente os testes de inteligência não medem algumas operações presentes no pensamento criativo, e assim um indivíduo pode passar despercebido pelos testes de inteligência, apesar de ter um potencial criativo superior. O mesmo ocorre com diversos tipos de habilidades, que podem passar despercebidas se forem considerados apenas resultados em testes de inteligência.

Segundo as autoras supramencionadas não se admite mais no meio científico atribuir valor à inteligência como se ela fosse algo estático no tempo e no espaço, pois, conforme menciona Gottfredson (1997, p. 13, tradução nossa),

> Inteligência é uma capacidade mental muito geral que, entre outras coisas, envolve a capacidade de raciocinar, planejar, resolver problemas, pensar de maneira abstrata, compreender ideias complexas, aprender rapidamente e aprender com a experiência. Isso não é meramente um aprendizado pelos livros, uma habilidade acadêmica restrita ou uma execução de testes de inteligência. Pelo contrário, ela reflete uma capacidade mais ampla e profunda, que auxilia na compreensão de nosso entorno e no planejamento de nossas vidas.

É importante salientar que vários outros estudiosos têm postulado suas teorias a respeito da inteligência, dentre os quais Joy Paul Guilford (1897-1987), para quem a inteligência compreende 150 fatores (Guilford, 1967), e Howard Gardner (1943-), o idealizador das inteligências múltiplas. Gardner (1995) identifica sete tipos de inteligência independentes entre si, isto é, que operam em blocos separados no cérebro com suas próprias regras, a saber: 1) lógico-matemática, 2) linguística, 3) musical, 4) espacial, 5) corporal-cinestésica, 6) intrapessoal e 7) interpessoal.

1.2
Conceituando altas habilidades/superdotação

Altas habilidades/superdotação (AH/SD) é um tema estudado por diversas áreas do conhecimento, que o abordam sob suas perspectivas. Simonetti (2007, p. 1), explica que enquanto "a neurobiologia valoriza os mecanismos cerebrais, a psicopedagogia social busca fatores psicológicos, educacionais e sociológicos que possam determiná-las e a genética ressalta o papel dos gens".

Não há um conceito unificado para definir AH/SD, entretanto, é possível observar que, em alguns deles, destacam-se os aspectos intelectuais, em outros, os emocionais, mas em quase todos estão implícitos os termos *inteligência*, *desempenho* e *potencialidade elevada*.

As Diretrizes Gerais para o Atendimento Educacional aos Alunos Portadores de Altas Habilidades/ Superdotação e

Talentos, documento veiculado pela Secretaria de Educação Especial (Seesp) do Ministério da Educação, preconiza que "*Altas Habilidades* referem-se aos comportamentos observados e/ou relatados que confirmam a expressão de 'traços[2] consistentemente superiores' em relação a uma média (por exemplo: idade, produção, ou série escolar) em qualquer campo do saber ou do fazer" (Brasil, 1995a, p. 13, grifo do original).

Esse documento ainda adota o termo *portador de necessidades especiais*, o qual está em desuso desde 2007, em razão das discussões a respeito da inclusão educacional, o que culminou com a publicação da Política Nacional de Educação Especial na Perspectiva da Educação Inclusiva, em 2008 (Brasil, 2008).

O Censo Escolar/Inep (citado por Brasil, 2015b, p. 47) define estudantes com altas habilidades/superdotação como "aqueles que demonstram potencial elevado em qualquer uma das seguintes áreas, isoladas ou combinadas: intelectual, acadêmica, liderança, psicomotricidade e artes, além de apresentar grande criatividade, envolvimento na aprendizagem e realização de tarefas em áreas de seu interesse".

Para Simonetti (2007, p. 1-2), "Superdotação é um conceito que serve para expressar alto nível de inteligência e indica desenvolvimento acelerado das funções cerebrais [...] o talento indica destrezas mais específicas".

- - - - -
2 "Deve-se entender por 'traços' as formas consistentes, ou seja, aquelas que permanecem com *frequência* e *duração* no repertório dos comportamentos da pessoa, de forma a poderem ser registradas em épocas diferentes e situações semelhantes" (Brasil, 1995a, p. 13, grifo do original).

Os aspectos emocionais são evidenciados no conceito atribuído por Silverman (citado por Virgolim, 2003, p. 16, grifo do original), para quem superdotação

> é um desenvolvimento *assincrônico* no qual habilidades cognitivas avançadas e grande intensidade combinam para criar experiências internas e consciência que são qualitativamente diferentes da norma. Essa assincronia aumenta com a capacidade intelectual. A unicidade do superdotado os torna particularmente vulneráveis, e são necessárias modificações na educação parental, no ensino e no aconselhamento psicológico, a fim de que possam alcançar um desenvolvimento ótimo.

A autora explica que assincronia não é sinônimo de precocidade, mas sim uma diferença existente na experiência interna e na consciência dos sujeitos, ou seja, "ter um desenvolvimento desigual da idade mental com relação à idade cronológica, o que pode se dar tanto interna quanto externamente" (Virgolim, 2010).

Segundo Villarraga, Martínez e Belavides (2004), na literatura pertinente há mais de 100 definições para superdotação, as quais estão classificadas em quatro grupos não excludentes entre si, a saber: 1) genético e 2) cognitivo (construtos psicológicos); 3) interacionista (realização); e 4) meio ambiente (sistêmico).

Sob a ótica **inatista**, a inteligência é geneticamente determinada e, nesse sentido, é considerada estável. No aspecto **cognitivo**, no qual as informações são processadas, os conceitos se referem aos processos da memória, do pensamento e de outras habilidades. Na perspectiva **interacionista**, são os fatores genéticos que determinam as forças potenciais do sujeito e podem aparecer desde a tenra idade em que as aptidões, as habilidades e as inteligências surgem como resultado das experiências, das motivações e da maneira individual como cada um aprende (Feldhusen, 1992). Já a perspectiva **sistêmica** é relacionada ao meio ambiente, ou seja, está centrada nos aspectos socioculturais e psicosociais, nos quais o desenvolvimento do talento depende dos fatores "políticos, do período histórico e de uma atitude geral positiva frente ao superdotado" (Mönks, citado por Villarraga; Martínez; Belavides, 2004, p. 31).

No que concerne ao talento, Mönks (citado por Villarraga; Martínez; Belavides, 2004, p. 29, tradução nossa), menciona três fatores determinantes da personalidade, "que são: capacidades excepcionais, motivação e criatividade, e também três fatores ambientais: família, escola e amigos".

Além disso, Landau (2002) complementa que, na abordagem interativa, o meio tem o papel de estimular as habilidades internas, como a criatividade, a inteligência os talentos que fortalecem o *eu* do superdotado, pois apenas "com a interação entre um ambiente que promova desafios emocionais e intelectuais e as capacidades da criança, a atualização da superdotação será real" (Landau, 2002, p. 43).

De acordo com Mettrau e Reis (2007, p. 493), no campo educacional, o conceito de AH/SD perpassa por "uma definição conceitual associada a uma visão conservadora que inclui apenas áreas acadêmicas em detrimento de outras áreas, como música, artes, liderança, expressão criativa e relacionamento interpessoal".

Em nosso país, Guenther e Rondini (2012, p. 251) conceituam dotação como um construto representativo do extremo superior na distribuição de capacidades humanas, nos diversos domínios, portanto, é um termo diretamente relacionado à conceituação de *capacidade natural*. [...]. A dotação, como capacidade natural, é invisível, mas pode ser inferida por meio de canais de expressão providos pelo ambiente.

Podemos perceber que nesse conceito estão implícitos os fatores genéticos, biológicos, ambientais e interacionais. Agora que conhecemos alguns conceitos que permeiam o universo das AH/SD, que tal conhecermos um pouco de sua história?

1.3
Legislação de altas habilidades/superdotação no Brasil

No que concerne à educação, é possível afirmar que os direitos dos sujeitos com AH/SD estão explicitados na Constituição Federal de 1988, a qual dispõe que

> Art. 205. A educação, direito de todos e dever do Estado e da família, será promovida e incentivada com a colaboração da sociedade, visando ao pleno desenvolvimento da pessoa, seu preparo para o exercício da cidadania e sua qualificação para o trabalho. (Brasil, 1988)

Nesse sentido, é possível entender que todas as pessoas têm direito à educação, independentemente de suas características.

Por meio da primeira Lei de Diretrizes e Bases da Educação Nacional (LDB) – Lei n. 4.024, de 20 de dezembro de 1961 (Brasil, 1961) –, a área de AH/SD teve seus direitos garantidos, os quais foram reafirmados nas LDBs subsequentes: Lei n. 5.692, de 11 de agosto de 1971; e Lei n. 9.394, de 20 de dezembro de 1996 (Brasil, 1971, 1996).

Sant'Ana et al. (2015, p. 37.418), esclarecem que:

> É apenas com a promulgação da Lei 5.692/1971, que definiu quais Necessidades Educacionais Especiais deviam ser atendidas por essa modalidade de Educação, que aparecem as primeiras preocupações por parte do Estado em relação às Altas Habilidades/Superdotação, por influência de estudos tais como de Binnet, Sternberg, Thorndike e de estudos de cognitivistas como Piaget.

Os anos de 1970 foram importantes para o reconhecimento das AH/SD, sendo alguns fatos relevantes: a elaboração dos Pareceres do Conselho Federal de Educação n. 255, de 9 de março de 1972, n. 436, de 9 de maio de 1972 e n. 681, de maio de 1973; e a criação do Centro Nacional de Educação Especial (Cenesp), em 1973, que estimulou pesquisas para atendimento especializado aos sujeitos com AH/SD (Brasil, 1995a). Esses estudos culminaram na elaboração de dois seminários sobre superdotados realizados em Brasília nos anos de 1974 e 1977, respectivamente, os quais determinaram

> o respeito ao ritmo, aptidões e interesses dos alunos com AH/SD eliminando barreiras entre anos letivos, o que representa a

primeira possibilidade de aceleração do currículo, com intuito de atender as necessidades específicas do aluno com Altas Habilidades/Superdotação; Admissão antecipada de alunos com Superdotação no Ensino Superior; Definição de conceitos para identificação de alunos com Superdotação. (Sant'Anna et al., 2015, p. 37.419)

No entanto, o assunto ficou adormecido, apesar das bases lançadas na década de 1970. Reynaud e Rangni (2017, p. 72), ao descreverem a trajetória legal e a educação de pessoas com AH/SD, mencionam que "durante muitos anos, principalmente nas décadas de 1980 e 1990, políticas públicas significativas não foram implementadas e nem tampouco se tenha dado a elas a devida importância ou disseminado o conhecimento acerca da necessidade de identificação e atendimento educacional especializado para esse alunado".

As políticas inclusivas no Brasil só se alteraram a partir da Declaração Mundial sobre Educação para Todos, realizada na cidade de Jomtien (Tailândia) em 1990, e da Declaração de Salamanca, ocorrida em 1994 na Espanha.

Para saber mais

UNESCO – Organização das Nações Unidas para a Educação, a Ciência e a Cultura. **Declaração Mundial sobre Educação para Todos**: satisfação das necessidades básicas de aprendizagem – Jomtien, 1990. 1998. Disponível em: <http://unesdoc.unesco.org/images/0008/000862/086291por.pdf>. Acesso em: 17 fev. 2020.

A Declaração Mundial sobre Educação para Todos foi um documento redigido durante a Conferência Mundial sobre

Educação para Todos, realizada em Jomtien, na Tailândia, em março de 1990, com o intuito de estabelecer os compromissos mundiais relacionados à noção de que a educação é direito de todas as pessoas, a fim de que possam viver dignamente em uma sociedade mais justa e humanitária.

Como mencionado anteriormente, em 20 de dezembro de 1996 foi promulgada a LDB n. 9.394/1996, que aludia à "possibilidade de avanço nos cursos e nas séries mediante verificação do aprendizado". Assim, entendemos que há possibilidade de aceleração escolar, mas não é possível saber para quem se destina; fica subentendido apenas a conclusão dos conteúdos escolares em menor tempo. Esse fato, só é explicitado mais adiante nessa mesma lei: "Art. 59. Os sistemas de ensino assegurarão aos educandos com necessidades especiais: II – [...] aceleração para concluir em menor tempo o programa escolar para os superdotados" (Brasil, 1996).

A LDB mencionada foi alterada pela Lei n. 12.976, de 4 de abril de 2013, na qual constam alguns itens que garantem o atendimento ao aluno com AH/SD e amparam legalmente o atendimento educacional a esses alunos:

> Art. 4º. O dever do Estado com educação escolar pública será efetivado mediante a garantia de:
>
> III. atendimento educacional especializado gratuito aos educandos com deficiência, transtornos globais do desenvolvimento e altas habilidades ou superdotação, transversal a todos os níveis, etapas e modalidades, preferencialmente na rede regular de ensino;
>
> [...]

> Art. 58. Entende-se por educação especial, para os efeitos desta Lei, a modalidade de educação escolar oferecida preferencialmente na rede regular de ensino, para educandos com deficiência, transtornos globais do desenvolvimento e altas habilidades ou superdotação.
>
> Art. 59. Os sistemas de ensino assegurarão aos educandos com deficiência, transtornos globais do desenvolvimento e altas habilidades ou superdotação:
>
> [...]
>
> Art. 60.
> Parágrafo único. O poder público adotará, como alternativa preferencial, a ampliação do atendimento aos educandos com deficiência, transtornos globais do desenvolvimento e altas habilidades ou superdotação na própria rede pública regular de ensino, independentemente do apoio às instituições previstas neste artigo. (Brasil, 2013)

A LDB n. 9.394/1996 foi novamente alterada por meio da Lei n. 13.234, de 29 de dezembro de 2015, que estendeu o atendimento aos alunos com AH/SD também à educação superior, estabelecendo a necessidade de um cadastro nacional desses alunos, a fim de justificar a promoção de políticas públicas para eles. Vejamos:

> Art. 59-A. O poder público deverá instituir cadastro nacional de alunos com altas habilidades ou superdotação matriculados na educação básica e na educação superior, a fim de fomentar a execução de políticas públicas destinadas ao desenvolvimento pleno das potencialidades desse alunado.

Parágrafo único. A identificação precoce de alunos com altas habilidades ou superdotação, os critérios e procedimentos para inclusão no cadastro referido no *caput* deste artigo, as entidades responsáveis pelo cadastramento, os mecanismos de acesso aos dados do cadastro e as políticas de desenvolvimento das potencialidades do alunado de que trata o *caput* serão definidos em regulamento. (Brasil, 2015a)

Esse cadastro é de suma importância para a identificação da quantidade desse alunado efetivamente matriculado, a fim de que se estabeleçam políticas públicas dirigidas ao seu atendimento.

Retomando nossa reflexão sobre a legislação brasileira, outro fato relevante ocorreu em 2005, ano em que foi implantado em todos os Estados e no Distrito Federal os Núcleos de Atividades de Altas Habilidades/Superdotação (NAAH/S), que tinham por intuito organizar

> centros de referência para o atendimento educacional especializado aos alunos com altas habilidades/superdotação, a orientação às famílias e a formação continuada aos professores. [...] referenciais e orientações para organização da política de educação inclusiva nesta área, de forma a garantir esse atendimento aos alunos da rede pública de ensino. (Brasil, 2008)

Nessa trajetória sobre as legislações que amparam a pessoa com AH/SD é importante citarmos a Política Nacional de Educação Especial na Perspectiva da Educação Inclusiva, que tem como objetivo

> assegurar a inclusão escolar de alunos com deficiência, transtornos globais do desenvolvimento e altas habilidades/

superdotação, orientando os sistemas de ensino para garantir: acesso ao ensino regular, com participação, aprendizagem e continuidade nos níveis mais elevados do ensino; transversalidade da modalidade de educação especial desde a educação infantil até a educação superior; oferta do atendimento educacional especializado; formação de professores para o atendimento educacional especializado e demais profissionais da educação para a inclusão; participação da família e da comunidade; acessibilidade arquitetônica, nos transportes, nos mobiliários, nas comunicações e informação; e articulação intersetorial na implementação das políticas públicas. (Brasil, 2008)

O aluno com AH/SD também tem seus direitos assegurados na Resolução n. 4, de 2 de outubro de 2009, que institui as Diretrizes Operacionais para o Atendimento Educacional Especializado na Educação Básica, modalidade Educação Superior. Esse documento considera

Alunos com altas habilidades/superdotação: aqueles que apresentam um potencial elevado e grande envolvimento com as áreas do conhecimento humano, isoladas ou combinadas: intelectual, liderança, psicomotora, artes e criatividade. (Brasil, 2009, art. 4º, III)

O art. 7º da referida resolução reafirma que

Os alunos com altas habilidades/superdotação terão suas atividades de enriquecimento curricular desenvolvidas no âmbito de escolas públicas de ensino regular em interface com os núcleos de atividades para altas habilidades/superdotação e com as instituições de ensino superior e institutos voltados ao desenvolvimento e promoção da pesquisa, das artes e dos esportes. (Brasil, 2009)

Conforme é possível perceber, são inúmeras as leis que asseguram os direitos aos alunos com AH/SD. Entretanto, ainda há muito por fazer. Conforme alertam Maia-Pinto e Fleith (2004), se alunos com rendimento abaixo da média são rapidamente identificados no ambiente escolar e recebem atendimento especializados, o mesmo não acontece com o aluno com AH/SD. De acordo com as autoras,

> se a criança apresenta um desempenho acima da média, sobressaindo-se de alguma maneira, na maioria das vezes, o que acontece é o reconhecimento de que este é um ótimo aluno, com um futuro brilhante. Entretanto, são oferecidas, a este aluno, poucas oportunidades de incremento de suas habilidades. (Maia-Pinto; Fleith, 2004, p. 55)

Diante do exposto, é necessário estimular esses alunos em sala de aula, a fim de que possam desenvolver todas as suas potencialidades.

Agora que já perpassamos pelo conceito e pela legislação vigente no país, que tal conhecermos a classificação adotada pela literatura pertinente que caracteriza o aluno com AH/SD?

1.4 Classificação

A Política Nacional de Educação Especial (Brasil, 1994, p. 13) reconhece como aluno com AH/SD aquele que apresenta

> Notável desempenho e elevada potencialidade em qualquer dos seguintes aspectos isolados ou combinados:
> - capacidade intelectual geral
> - aptidão acadêmica específica
> - pensamento criativo ou produtivo
> - capacidade de liderança
> - talento especial para as artes e capacidade psicomotora

Mettrau e Reis (2007) mencionam que seis dos tipos citados de AH/SD são reconhecidos pela literatura internacional, sendo eles: 1) o intelectual; 2) o acadêmico; 3) o criativo; 4) o social; 5) o talento especial; e 6) o psicomotor. Ainda segundo as autoras, o tipo **intelectual** "apresenta flexibilidade e fluência de pensamento; capacidade de pensamento abstrato para fazer associações; produção ideativa; rapidez do pensamento; julgamento crítico; independência de pensamento; compreensão e memória elevadas; e capacidade de resolver e lidar com problemas" (Mettrau; Reis, 2007, p. 492).

Segundo Almeida (1998, p. 58),

> numa análise mais descritiva do funcionamento cognitivo, os alunos superdotados levam vantagens na utilização de processos cognitivos mais complexos, ao mesmo tempo que apresentam maior diversidade e complexidade de procedimentos

internos de autorregulação e de controle do desempenho (criatividade, reflexibilidade, planejamento, metacognição, autoverbalizações, ...).

Pérez (2008, p. 60) acrescenta que no "contexto escolar, estas características podem traduzir-se em interrogações sobre temas mais avançados dos que estão sendo abordados pelo professor ou mesmo resultado de pesquisas individuais que são trazidos à sala de aula, muitas vezes, desestruturando a dinâmica do professor".

O **acadêmico** demonstra aptidões específicas, como atenção, concentração e rapidez para aprender; motivação pelos assuntos acadêmicos que despertam seu interesse; boa memória e habilidades para sistematizar o conhecimento.

O **criativo** apresenta as seguintes características:

> originalidade; imaginação; capacidade para resolver problemas de forma diferente e inovadora; sensibilidade para as situações ambientais, podendo reagir e produzir diferentemente e até de modo extravagante; sentimento de desafio diante da desordem dos fatos; e facilidade de autoexpressão, fluência e flexibilidade. (Mettrau; Reis, 2007, p. 492)

O **social** apresenta características de liderança; possui elevado poder de persuasão e influência sobre os demais participantes do grupo; é cooperativo e sabe estabelecer relações sociais com diferentes pessoas. Nas palavras de Pérez (2008, p. 62), esses indivíduos apresentam uma

> preocupação – às vezes, visceral – com os problemas que afligem a nossa sociedade: fome, miséria, violência, falta de moradia, discriminação, enfim, as injustiças em todos os níveis,

e também nas críticas muito presentes à precariedade da educação, particularmente quando estes flagelos são parte do seu dia a dia.

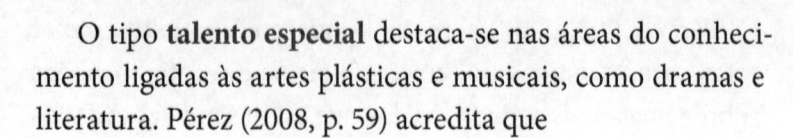

O tipo **talento especial** destaca-se nas áreas do conhecimento ligadas às artes plásticas e musicais, como dramas e literatura. Pérez (2008, p. 59) acredita que

> Devido ao seu elevado nível de criatividade, a PAH/SD [pessoa com altas habilidades/superdotação] necessita ser desafiada permanentemente, o que não acontece no cotidiano. Entretanto, se observarmos aquelas PAH/SD nas inteligências corporal-cinestésica ou musical, por exemplo, percebe-se que elas desenvolvem rotinas metódicas para aperfeiçoarem suas habilidades, e o fazem de forma prazerosa [...].

A referida autora complementa que "nestes casos, existe um autodesafio vinculado às áreas de interesse dessas pessoas e a rotina tem um objetivo claro para elas, que é o aperfeiçoamento, que não é imposto de fora e, portanto, não faz da rotina um exercício maçante" (Pérez, 2008, p. 59).

Por último, o tipo **psicomotor** é muito ágil em provas de velocidade; força, resistência e possuem destreza nas atividades psicomotoras de modo geral. Para Becker (2014, p. 693),

> algumas características que podem ser observadas mais facilmente são as que dizem respeito à constituição da própria pessoa, considerando, por exemplo, a precocidade psicomotora e assincronia no desenvolvimento. A destreza no uso do corpo, agilidade de movimentos que aparecem na dança ou atletismo, aptidão artística como a musical, teatral, facilidade

no desenho, pintura e riqueza imaginativa podem chamar nossa atenção.

Pérez (2008) acrescenta outras características comumente apresentadas pelos sujeitos com AH/SD, a saber: busca de soluções próprias para os problemas; capacidade desenvolvida de análise, avaliação e julgamento; criatividade; independência de pensamento; produção ideativa; concentração prolongada em uma atividade de interesse; consciência de si mesmo e de suas diferenças; desgosto com a rotina; gosto pelo desafio; habilidade em áreas específicas; interesse por assuntos e temas complexos; ideias novas em várias atividades; precocidade na leitura e leitura voraz; liderança; memória desenvolvida; pensamento abstrato; rapidez e facilidade de aprendizagem; relacionamento de informações e associações entre ideias e conhecimentos; vocabulário avançado, rico e extenso em relação a seus pares; persistência perante dificuldades inesperadas e tendência ao perfeccionismo; sensibilidade aos problemas sociais e aos sentimentos dos outros; senso de humor desenvolvido e tendência ao isolamento; predileção por trabalharem sozinhos ou por se associarem a pessoas mais velhas.

A autora alerta que nem todas essas características são predominantes em todos os sujeitos com AH/SD, haja vista que eles sofrem influências da personalidade e dos meios sociocultural e econômico no qual estão inseridos (Pérez, 2008).

Outra concepção comumente aceita é a proposta por Renzulli (1986), denominada *Modelo dos Três Anéis*[3]. Segundo

• • • • •
3   O Modelo dos Três Anéis será discutido com maior profundidade no Capítulo 3 desta obra.

o autor, o comportamento do sujeito com AH/SD consiste na interação de três grupamentos de traços: 1) habilidades gerais e/ou específicas acima da média; 2) alto comprometimento com a tarefa; e 3) níveis elevados de criatividade.

Esse modelo, inclusive, embasa a definição que o Ministério de Educação adotou nas Diretrizes Gerais para o Atendimento Educacional aos alunos portadores de AH/SD e talentos (Brasil, 1995a).

De acordo com Renzulli (citado por Rodrigues, 2011, p. 162),

> O comportamento superdotado consiste nos comportamentos que refletem uma interação entre os três grupamentos básicos dos traços humanos – sendo esses agrupamentos habilidades gerais ou específicas acima da média, elevados níveis de comprometimento com a tarefa e elevados níveis de criatividade. As crianças superdotadas e talentosas são aquelas que possuem ou são capazes de desenvolver estes conjuntos de traços e que os aplicam a qualquer área potencialmente valiosa do desempenho humano.

O desenvolvimento do sujeito com AH/SD não é diferente dos demais que têm a mesma idade, entretanto, algumas características são mais comuns a esse grupo, pois, como menciona Guenther (2000, p. 44),

> Ao falar em "crianças bem-dotadas e talentosas" não estamos falando em um grupo único, parecido, homogêneo e facilmente reconhecível em qualquer situação. Ao contrário, como todas as pessoas que existem, cada criança traz em si uma combinação essencial e substancialmente única de

traços, características e atributos, oriundos não somente de sua própria constituição e plano genético, como também derivados e absorvidos de muitas fontes de influência presentes no ambiente a que é exposta, dentro dos vários grupos a que pertence.

Nessa mesma linha de pensamento, Martins (2006, p. 35) complementa que os sujeitos que

> possuem potencial para AH/S não constituem um grupo homogêneo e nem sempre apresentam um perfil único que os possa definir. Ao contrário, cada um apresenta características próprias de interação com o mundo e um perfil diferenciado na forma de agir, de pensar e organizar os pensamentos, no estilo de aprendizagem, na criatividade, no ritmo de desenvolvimento, na personalidade, no comportamento social e emocional, que não se apresentam na mesma intensidade.

Diante do exposto, é possível perceber que, além dos fatores genéticos, outros tantos determinam as características dos sujeitos com AH/SD, entretanto, é importante conhecê-los e/ou identificá-los, a fim de estabelecer indicadores que auxiliem na construção da identidade dessas pessoas e dissipar os mitos e as crenças que existem ao redor delas.

1.5
Mitos e crenças

Inúmeras histórias pairam sobre os sujeitos com AH/SD, o que acaba os prejudicando; mas, antes de discutirmos o assunto propriamente dito, que tal conhecermos o significado dos vocábulos *mito* e *crença*?

Mito é uma palavra derivada do latim *mȳthos* ou *mȳthus*, do grego *mûthos*, e corresponde à "exposição alegórica de uma ideia qualquer, de uma doutrina ou teoria filosófica" ou, ainda, à "representação de fatos e/ou personagens históricos, amplificados através do imaginário coletivo e de longas tradições literárias orais ou escritas"; já a palavra *crença* vem do latim medieval *credentĭa* e significa "estado, processo mental ou atitude de quem acredita em pessoa ou coisa [...] convicção profunda" ou "disposição subjetiva a considerar algo certo ou verdadeiro, por força do hábito ou das impressões sensíveis" (Houaiss; Villar, 2009). Russ (citado por Antipoff; Campos, 2010, p. 305), por sua vez, define *mito* como uma "representação coletiva muito simplista e muito estereotipada, comum a um grupo de indivíduos".

Partindo dessas definições, podemos dar sequência a nosso estudo compreendendo melhor o contexto em que se inserem os mitos e as crenças atribuídos aos sujeitos com AH/SD.

Geralmente, há uma crença de que os sujeitos com AH/SD são capazes de tudo, o que acarreta-lhes uma invisibilidade real, seja no âmbito das políticas públicas, seja na carência de publicações sobre o tema, seja na precariedade ou na inexistência de serviços direcionados a essas pessoas. De acordo com Pérez e Freitas (2011, p. 111), a "invisibilidade dos alunos com AH/SD está estreitamente vinculada à desinformação sobre o tema e sobre a legislação que prevê seu atendimento, à falta de formação acadêmica e docente e à representação cultural das Pessoas com Altas Habilidades/Superdotação (PAH/SD)".

Pérez (2003) assinala que, além dos mitos que ecoam em torno das pessoas com AH/SD, elas ainda precisam conviver com crenças cotidianas, que alimentam um imaginário social de que elas são ranzinzas, autossuficientes, nota dez em tudo, egoístas, solitárias, metidas, extremamente brancas, de óculos e sabichonas, CDFs e exibidas. Essas crenças, muitas vezes, são veiculadas e incentivadas pela mídia.

Pérez e Freitas (2011, p. 111) acrescentam que

> a representação cultural deturpada leva a pensar que o aluno com AH/SD é uma pessoa rara, que não precisa de nada, que se autoeduca, que somente existe em classes privilegiadas, que só pode ser o aluno nota 10 na sala de aula e, principalmente, que não é um aluno com necessidades educacionais especiais, pois este termo é equivocadamente reservado aos alunos com deficiência.

Na sequência, citamos alguns mitos sobre AH/SD arrolados na literatura pertinente. Um dos mais comuns é o do excelente aluno, que tira sempre as notas mais altas da turma. Nessa esteira de pensamento, Alencar (2001, p. 126) menciona que outra ideia também disseminada é a de que o superdotado apresentará necessariamente um bom rendimento na escola. Isso, entretanto, nem sempre acontece. Muitas vezes, observa-se uma discrepância entre o potencial (aquilo que a pessoa é capaz de realizar e aprender) e o desempenho real (aquilo que o indivíduo demonstra conhecer).

Sabemos que vários são os fatores que contribuem para que o aluno com AH/SD apresente um rendimento escolar satisfatório, entre eles a metodologia empregada pelo professor. É importante considerar, ainda, que "as crianças podem até ser superdotadas em uma área acadêmica e apresentar distúrbio de aprendizagem em outra" (Winner, 1998, p. 15).

Sobre a questão do rendimento escolar, Alencar (2001, p. 15) acrescenta que "muitos deles, em função de características do próprio contexto familiar, educacional e social, apresentam apenas um desempenho medíocre e, mesmo, abaixo da média".

Outro mito discutido na literatura diz respeito à questão genética, ou seja, de que as AH/SD são uma habilidade inata do sujeito. Winner (1998, p. 119), entretanto, afirma que "a superdotação não pode ser inteiramente um produto do nascimento" e Guenther (2000, p. 53) complementa que "o potencial presente como predisposição e inclinações ao plano genético, ou ao nascer, é enormemente influenciado por fatores, condições e variáveis ambientais".

Diante do exposto, o que podemos afirmar é que tanto a genética quanto o meio exercem influência sobre os sujeitos com altas habilidades. Dessa forma, não se pode concluir que determinada porcentagem das habilidades humanas é originada pelos genes e pelo ambiente operando aditivamente e em separado (Winner, 1998).

Outra crença é a de que indivíduos com AH/SD são oriundos das camadas socioeconômicas mais abastadas, porém essa habilidade "pode evidenciar-se em qualquer nível, independente de idade, sexo, raça, credos e, sobretudo, qualquer nível socioeconômico" (Brasil, 1999, p. 160).

Conforme exposto, as AH/SD se manifestam de forma independente da situação financeira do sujeito e, dessa forma, é importante que a escola e a família, em conjunto, busquem ações que estimulem o desenvolvimento dessas pessoas, pois, como nos lembra Guenther (2000, p. 44), o indivíduo com AH/SD, na infância, "é primeiramente uma criança essencialmente igual às outras crianças. Portanto, muitos dos seus comportamentos e características são atributos próprios de sua faixa etária e estágio de desenvolvimento em que se encontra, e vão existir nas outras crianças, como seres humanos que são".

Assim, é necessário que os professores e a equipe pedagógica reconheçam esses alunos para auxiliá-los, propiciando atendimentos especializados. Entretanto, isso nem sempre é fácil, pois, conforme expõe Pérez (2003, p. 51-52), "os próprios mitos e crenças em relação a estas pessoas fazem que a identificação seja considerada uma rotulação e que ela seja vista como uma discriminação dos indivíduos identificados que, no imaginário popular, passam a ser melhores que o resto da sociedade".

Antipoff (2010), em sua dissertação de mestrado, sintetiza oito mitos e crenças que, segundo ela, são os mais mencionados na literatura. Confira a descrição de cada um deles a seguir.

Mito 1 – Superdotação Global – A pessoa com altas habilidades se destaca em todas as áreas do currículo escolar

A ideia implícita nesse mito é a de que a criança que foi identificada como superdotada possui uma capacidade intelectual geral que faz com que essa criança seja brilhante e se destaque em todas as áreas. [...]

Mito 2 – QI Excepcional

Esse mito traz a suposição implícita de que qualquer criança superdotada (independentemente da área na qual o talento foi identificado) deva apresentar um QI (Quociente Intelectual) elevado.
[...]

Mito 3 – Biologia Versus ambiente

Esse mito [...] envolve duas concepções que, atualmente, quando separadas, são consideradas incompletas e equivocadas. A primeira delas é aquela na qual a superdotação é vista como inata ao indivíduo, relacionada com a genética. [...] Já a segunda concepção é aquela que preconiza somente o papel do ambiente e da influência social na constituição da inteligência.
[...]

Mito 4 – Esbanjando saúde psicológica

A ideia implícita nesse mito é a de que as crianças superdotadas são aquelas vistas como populares, bem ajustadas, esbanjando saúde física e psicológica.
[...]

Mito 5 – As crianças superdotadas se tornam adultos eminentes

Ideia equivocada de que a superdotação determina uma vida futura de sucesso e felicidade certos.
[...]

Mito 6 – As pessoas com altas habilidades provêm de classes socioeconômicas privilegiadas

[...] constitui-se de uma crença equivocada de que somente aquelas crianças que provêm de famílias de classes mais abastadas terão condições de serem estimuladas e de poderem desenvolver seus talentos.
[...]

Mito 7 – Não se deve identificar as pessoas com altas habilidades

Essa crença remete à ideia de que não há vantagens em identificar as pessoas com altas habilidades.
[...]

Mito 8 – As pessoas com altas habilidades não precisam de atendimento educacional especial

A ideia implícita nessa crença é a de que, por ser superdotado, tudo é muito fácil para o indivíduo e, dessa forma, para que

> proporcionar um atendimento diferenciado? Será que esse aluno apresenta necessidades educacionais especiais?
>
> Fonte: Antipoff, 2010, p. 70-74.

Simonetti (1998), em publicação veiculada pela Associação Brasileira de Altas Habilidades e Superdotação (ABAHSD), também faz uma síntese dos mitos difundidos pela literatura e, além dos que já mencionamos, ela cita:

> São estranhas, pequenas, franzinas e usam óculos com lentes grossas. [...] São hiperativas e possuem cérebro com mais neurônios. [...] Dizer a uma criança que ela é talentosa, muito inteligente, superdotada, faz com que fique vaidosa e se sinta superior às demais. [...] Um programa educacional para superdotados é algo sofisticado, caro e especializado. [...] O professor de alunos superdotados necessita também ter altas habilidades. [...] Sempre apresentam sinais de precocidade: ler muito cedo, andar ou falar bem novos, tocar um instrumento musical com perfeição em tenra idade etc. [...] O desenvolvimento social e emocional dos superdotados está no mesmo nível que seu desenvolvimento intelectual e acadêmico.

Diante de tudo que constatamos até aqui, é possível concluir que crianças com AH/SD devem ser estimuladas no seio familiar, mas não sobrecarregadas com atividades extraclasse pelos pais. Já a escola deve reconhecer esses alunos, a fim de lhes propiciar um ambiente rico em informações que despertem seus interesses e que os deixem acolhidos no ambiente escolar, para que possam se desenvolver em toda a sua plenitude, sem discriminação.

Síntese

Neste capítulo, tivemos a oportunidade de refletir sobre o histórico e a classificação das altas habilidades/superdotação (AH/SD). Inicialmente, perpassamos pelo conceito de *inteligência* e pudemos perceber que o vocábulo nos remete a conhecimento, compreensão e entendimento, ou seja, indica a capacidade do sujeito de interligar as ideias que nem sempre são explicitamente relacionadas. Vimos, ainda, que a história sobre a inteligência humana remonta aos primórdios da humanidade. Em um segundo momento, indicamos os significados de AH/SD e esclarecemos que, na literatura pertinente, há mais de 100 definições para ela, as quais são classificadas em quatro grupos não excludentes entre si, a saber: 1) genético; 2) cognitivo (constructos psicológicos); 3) interacionista (realização); e 4) meio ambiente (sistêmico). Constatamos também que os sujeitos com AH/SD se encontram amparados pela legislação, mas que, no Brasil, ainda há muito o que se fazer para que seus direitos sejam realmente assegurados. Tivemos também a oportunidade de entender a classificação desses alunados e, por fim, pudemos refletir sobre os mitos e as crenças que pairam sobre essas pessoas.

Atividades de autoavaliação

1. A respeito da inteligência, podemos afirmar que:
   I) a palavra *inteligência* nos remete a conhecimento, compreensão, entendimento;
   II) ela indica a capacidade do sujeito de interligar ideias, que nem sempre são explicitamente relacionadas;

III) o desempenho intelectual de um indivíduo também varia conforme a ocasião e os diferentes domínios e critérios;

IV) é um vocábulo originário do grego *elucidare* e, portanto, é sinônimo de *elucidação*.

Assinale a alternativa correta:

a) As afirmativas I, II e III estão corretas.
b) As afirmativas II e III estão corretas.
c) As afirmativas I e IV estão corretas.
d) As afirmativas I, II e IV estão corretas.
e) As afirmativas I, II, III e IV estão corretas.

2. No século XX, surgiram as primeiras pesquisas significativas sobre a inteligência humana, realizadas em 1904 por Alfred Binet, pesquisador francês que tentou mensurar a inteligência por meio de testes psicológicos que buscavam tecer relações entre a idade cronológica e a idade mental. Tais testes foram denominados por ele de:
a) Quociente de Maturidade (QM).
b) Quociente de Imaturidade (QI).
c) Quociente Intelectual (QI).
d) Quociente Genético (QG).
e) Quociente Psicológico (QP).

3. Dos tipos existentes de AH/SD, seis deles são reconhecidos pela literatura internacional. São eles:
a) intelectual; acadêmico; criativo; social; talento especial; e psicomotor.
b) catalizador; egocêntrico; criativo; social; corajoso; e sensato.

c) tímido; acadêmico; talentoso; criativo; inteligente; e audacioso.
d) vagaroso; criativo; nervoso; audacioso; psicomotor; e social.
e) catalizador, acadêmico, criativo, social, psicomotor; e audacioso.

4. Na literatura pertinente, há mais de 100 definições para superdotação, as quais são classificadas em quatro grupos não excludentes entre si, a saber: 1) genético, 2) cognitivo (constructos psicológicos); 3) interacionista (realização); e 4) meio ambiente (sistêmico). Relacione esses grupos às suas descrições.
   1) Genético
   2) Cognitivo
   3) Interacionista
   4) Sistêmico
   ( ) As informações são processadas, os conceitos se referem aos processos da memória, do pensamento e de outras habilidades.
   ( ) Está centrado nos aspectos socioculturais e psicossociais e o desenvolvimento do talento depende dos fatores políticos, do período histórico e de uma atitude positiva frente ao superdotado
   ( ) Os fatores genéticos determinam as forças potenciais do sujeito
   ( ) A inteligência é geneticamente determinada e, nesse sentido, é considerada estável

   Agora, assinale a sequência correta:

a) 1, 3, 4, 2.
b) 2, 4, 3, 1.
c) 3, 2, 4, 1.
d) 4, 2, 1, 3.
e) 1, 2, 3, 4.

5. Marque V para as afirmativas verdadeiras e F para as falsas:

( ) *Mito* é uma palavra derivada do latim *mȳthos* ou *mȳthus*, do grego *mûthos*, e corresponde a "exposição alegórica de uma ideia qualquer, de uma doutrina ou teoria filosófica" (Houaiss; Villar, 2009).

( ) A palavra *crença* vem do latim medieval *credentĭa* e significa "estado, processo mental ou atitude de quem acredita em pessoa ou coisa [...] convicção profunda" (Houaiss; Villar, 2009).

( ) Não há no Brasil nenhuma lei que assegure direitos aos sujeitos com AH/SD.

( ) Dos tipos de AH/SD, seis deles são reconhecidos pela literatura internacional: intelectual; acadêmico; criativo; social; talento especial; e psicomotor.

( ) O tipo social apresenta elevado poder de persuasão e influência sobre os demais participantes do grupo.

Assinale a sequência correta:

a) V, V, V, V, V.
b) V, F, F, V, V.
c) F, V, V, V, F.
d) V, V, F, V, V.
e) F, F, V, V, V.

Atividades de aprendizagem

Questões para reflexão

1. Conforme você pôde perceber, há vários mitos e crenças a respeito dos sujeitos com AH/SD oriundos do senso comum. Cite ao menos três deles e, com base na literatura pertinente, argumente porque são equivocados

2. Vimos que as AH/SD se manifestam de forma independente da situação financeira do sujeito e que é importante que a escola e a família estimulem o desenvolvimento dessas pessoas. Frente ao exposto, que tipo de ações auxiliariam esses alunos no ambiente escolar.

Atividade aplicada: prática

1. Os direitos dos sujeitos com AH/SD estão explicitados em vários documentos na legislação brasileira. Teça comentários a respeito.

2
Precocidade, criatividade, talento e genialidade

As altas habilidades/superdotação (AH/SD), conceitualmente, são confundidas, muitas vezes, com *precocidade*, *criança prodígio* e *gênio*, entretanto, é importante destacar que se tratam de habilidades distintas. Por essa razão, neste capítulo vamos discutir os significados das palavras citadas, bem como apresentar as diversas características que envolvem as AH/SD.

2.1
Primeiras definições e distinções

Para dar início a nosso estudo, é necessário, antes, compreendermos alguns conceitos que perpassam o assunto AH/SD, com o objetivo de distingui-los e, assim, evitar futuras confusões terminológicas.

A fim de elucidar o exposto, **crianças precoces** são aquelas que têm um desenvolvimento acima do normal para sua idade cronológica. Geralmente, apresentam como característica a antecipação da maturidade em determinados aspectos, porém, é importante salientar que nem todas desenvolvem suas capacidades excepcionais. De acordo com Brandão (2010, p. 69),

> Já em tenra idade observa-se na criança com altas habilidades a capacidade para imitar, associar, dissociar e combinar elementos com significados, de modo reprodutivo e até em novas configurações. Estas crianças mostram-se atenciosas e conseguem resolver a competição entre diferentes estímulos discernindo informações aprendidas.

Geralmente crianças superdotadas são precoces, todavia, a precocidade não é um indicativo de AH/SD.

Crianças que possuem um desempenho além do padrão para sua idade, geralmente em alguma habilidade, como leitura, pintura ou música, são **crianças prodígios**. Esse desempenho é comparado ao padrão apresentado por um adulto nessa área. O prodígio, na opinião de Virgolim (2007, p. 24), "é relativamente raro e necessita da convergência de um número de circunstâncias únicas para permitir uma completa e especializada expressão de um poderoso potencial".

O **gênio** é um indivíduo com desenvolvimento elevadíssimo em determinada área do saber, alguém que deixou uma contribuição para a sociedade em determinado ramo, como Albert Einstein e Pablo Picasso.

2.2 Precocidade

Ao buscar no dicionário a palavra *precoce*, encontramos, entre outras, as seguintes definições: "que acontece muito cedo para os padrões normais; prematuro, antecipado, extemporâneo"; "que muito cedo demonstra capacidades ou habilidades próprias de crianças mais velhas ou de adulto" (Houaiss; Villar, 2009).

De acordo com Martins e Chacon (2016a, p. 190),

> O aluno precoce é aquele que se destaca perante crianças da mesma idade, em razão das habilidades que apresenta, porém, estas tanto podem ser a expressão de um potencial superior, o qual pode estar sinalizando o que chamaremos de superdotação, quanto podem ter suas origens na simples prematuridade do desenvolvimento de aspectos cognitivos, que se normalizarão com o decorrer do tempo.

Os autores ainda complementam que

Alunos precoces diferem de seus pares etários em virtude de habilidades antecipadamente desenvolvidas, as quais podem indicar a existência de superdotação. Porém, é necessário aguardar o fim da infância para verificar se a diferença apresentada resulta de uma configuração cognitiva superior ou de uma prematuridade no desenvolvimento. Enquanto isso, ações devem ser desenvolvidas em favor do pleno desenvolvimento dos potenciais, o que requer que essas crianças sejam reconhecidas, mas tal reconhecimento pode ser prejudicado por mitos e estereótipos. (Martins; Chacon, 2016b, p. 96)

Pesquisadores alertam, porém, que é preciso tomar cuidado para não confundir uma criança precoce com uma criança prodígio, pois

crianças prodígios "são aquelas que se caracterizam por um desempenho excepcional ou uma memória extraordinária em seus primeiros anos. São em número muitíssimo reduzido e têm sido sempre motivo de curiosidade e encantamento. O exemplo mais conhecido é o de Mozart, que aos cinco anos já compunha sonatas e aos oito escreveu a sua primeira sinfonia". (Alencar, 1993, p. 79)

Paulino, Pedro e Chacon (2011, p. 2, grifo nosso) corroboram acrescentando que

O termo **precoce** emprega-se a crianças na faixa etária de 03 a 06 anos de idade, que apresentam alguma habilidade específica muito desenvolvida, podendo aparecer em qualquer área do conhecimento, ou seja, na música, em disciplinas escolares, na linguagem, esporte ou leitura; já o termo **prodígio** sugere algo extremamente raro e único, ou seja, fora do curso normal da natureza, e se tais indivíduos promoverem contribuições extraordinárias à humanidade, revolucionando suas áreas de conhecimento passam a ser denominadas **gênios**.

Conforme exposto, as crianças precoces se desenvolvem mais rapidamente que o esperado para sua idade, pois, conforme expõe Gama (2006, p. 65), "a precocidade está sempre relacionada não ao comportamento ou forma de pensamento propriamente ditos, mas à idade em que estes são exibidos".

A aprendizagem de crianças precoces em alguma área, como a música, as artes, o balé ou a matemática, ocorre mais rapidamente e com mais facilidade do que outras que têm a mesma faixa etária. Já a criança prodígio tem um desempenho altamente elevado no desenrolar de atividades: por exemplo, com menos de 10 anos de idade atingir o nível de um sujeito adulto capacitado em alguma área que demanda muito esforço.

Em crianças com AH/SD a precocidade é notada por seus domínios mais avançados em alguma área do conhecimento se comparadas a outras crianças com idades equivalentes. "Talvez a precocidade seja o fator mais proeminente e notado da superdotação, chamando muito atenção da sociedade" (Colpo, 2014).

Em síntese, a precocidade é "compreendida como antecipação no desenvolvimento da criança dentro de um determinado campo ou área de domínio, como, por exemplo, na linguagem, na matemática, na música, nas artes, nos esportes, etc." (Martins; Chacon, 2016b, p. 97) e ela pode estar associada à superdotação, entretanto, quando não está, os sintomas desaparecem à medida que a criança se desenvolve.

2.3
Criatividade

O termo *criativo* é empregado ao sujeito "que se distingue pela aptidão intelectual para criar [...]; que se caracteriza pelo caráter inovador; original" (Houaiss; Villar, 2009). Assim, a palavra *criatividade* relaciona-se à "inventividade, inteligência e talento, natos ou adquiridos, para criar, inventar, inovar, quer no campo artístico, quer no científico, esportivo etc." (Houaiss; Villar, 2019).

De acordo com Lubart (2007, p. 16), a "criatividade é a capacidade de realizar uma produção que seja ao mesmo tempo nova e adaptada ao contexto no qual ela se manifesta". Ela deve se distinguir "pelo assunto ou pelo fato de outras pessoas não a terem realizado" e ser "adaptada, ou seja, deve satisfazer diferentes dificuldades ligadas às situações nas quais se encontram as pessoas".

A criatividade é algo presente em todos os seres humanos, mas difere em intensidade, haja vista que se manifesta de várias maneiras e é influenciada por fatores ambientais. Os traços criativos revelam-se em comportamentos visíveis, seja no pensar, seja no fazer, e podem ser expressos nas diversas formas de linguagens: fala; gestos; música; artes plásticas; matemática; entre outras. Para Alencar e Fleith (2001), esse é um pensamento arrojado, que possibilita buscar respostas inovadoras e soluções para problemas antigos.

Criar, inventar, descobrir, é trabalho mental da mais alta qualidade. Vem a ser, em essência, enxergar nova configuração e nova forma, em uma situação onde outra forma já é conhecida. O incentivo à imaginação e pensamento criador está, não em buscar resposta, sejam elas convergentes ou divergentes, mas em originar perguntas, pois é a partir de uma pergunta estimulante e provocativa que a configuração conhecida pode ser trabalhada e reconfigurada (Zambon, 2017, p. 50).

Segundo Fleith (2006, p. 224), a criatividade envolve aspectos cognitivos e afetivos, e, dentre as características associadas à ela, ressalta-se

a. fluência: habilidade para produzir muitas ideias sobre um tema ou várias soluções para um problema;
b. flexibilidade: habilidade de analisar uma situação sob diferentes ângulos ou de conceber diferentes categorias de respostas a um problema;
c. originalidade: produção de ideias novas, diferentes, infrequentes ou incomuns;
d. sensibilidade a problemas: habilidade de ver defeitos em situação onde usualmente não se percebe problemas;
e. elaboração: habilidade de adicionar detalhes a uma ideia, incluindo seu desenvolvimento e aprimoramento;
f. definição de problemas: habilidade de identificar problemas reais, isolar aspectos do problema, clarificá-lo e simplificá-lo, identificar 'subproblemas', propor definições de problemas;
g. pensamento por analogia: habilidade de tomar emprestado ideias/soluções de um contexto/problema e usá-las em outro;

h. avaliação: processo de decisão, julgamento e seleção de uma ou mais ideias entre um grupo de ideias produzidas anteriormente.

A autora ainda complementa que, quanto à personalidade, pode-se afirmar que os sujeitos criativos tendem a ser "independentes, curiosos, persistentes, autônomos, imaginativos, energéticos, autoconfiantes, atraídos pelo misterioso e complexo, tolerantes à ambiguidade, abertos a novas experiências, dedicados, motivados intrinsecamente e com coragem para correr riscos" (Fleith, 2006, p. 224).

Nessa esteira de pensamento, Landau (2002, p. 23) menciona que

> Ser criativo não significa ter que inventar ou descobrir coisas. O fascínio está justamente em poder estabelecer novas relações entre coisas existentes. Pablo Picasso trabalhou com o espaço como outros anteriormente o fizeram, porém soube dar-lhe novos ajustes. Albert Einstein desenvolveu outras possibilidades com os mesmos conhecimentos de que dispunham os cientistas que o precederam. Enfim, no que diz respeito aos aspectos emocional e intelectual, capacidade criativa é encontrar alternativas dentro de determinada estrutura.

Fernandes (2014, p. 59) acrescenta que a criatividade "se manifesta a partir da leitura de mundo que as pessoas têm associada às diferentes maneiras de pensar", entretanto, alerta que "é preciso coragem para ser criativo e encarar os desafios sem medo do insucesso, resolvendo e enfrentando as dificuldades de modo original, sentindo prazer durante o processo da ação criativa".

Dessa maneira, a criatividade se relaciona aos processos de pensamento associados com a imaginação, a invenção, a inspiração, a intuição e a originalidade.

A criatividade, nas palavras de Alencar (2009, p. 7),

> tem também algo de mágico e misterioso, uma vez que as ideias criativas nem sempre ocorrem quando as desejamos ou as procuramos, mas costumam emergir inesperadamente, em momentos em que muitas vezes estamos distantes do problema. A criatividade é um recurso valioso de que dispomos e que necessita ser mais cultivado, especialmente neste momento da história, em que a mudança e a incerteza parecem fazer parte inevitável de nossa vida. Esta é uma época caracterizada por aceleradas transformações tecnológicas, integração regional e mundial da produção e comercialização, universalização das comunicações, rápidas mudanças políticas e culturais etc.

Assim, o ser criativo é extremamente importante no contexto histórico e para a humanidade, especialmente no que diz respeito ao acesso e ao domínio das tecnologias.

A criatividade apresenta intensidades e níveis diferenciados, a saber:

- nível expressivo (descoberta de novas formas de expressão);
- nível produtivo (ampliação da técnica de execução, predominância da qualidade sobre a forma e o conteúdo final);

- nível inventivo (invenção e capacidade de descobrir novas realidades);
- nível inovativo (máximo poder criador; é menos frequente, visto que poucas o atingem; implica originalidade);
- nível emergente (refere-se a princípios novos e não, apenas a modificações). (Brasil, 2006, p. 30)

No que diz respeito às AH/SD, Davis e Rimm (citados por Fleith, 2006, p. 226) alegam que "não existe tema mais importante na educação do superdotado do que criatividade, pois dois importantes objetivos desta educação são: (a) desenvolver talentos e habilidades, auxiliando estes indivíduos a atualizarem seu potencial e se tornarem criativos, e (b) habilitá-los a darem contribuições criativas à sociedade".

Observemos, dessa forma, a responsabilidade dos agentes que labutam na área educacional no que diz respeito a incentivar a criatividade dos alunos com AH/SD no ambiente escolar.

2.4
Talento

Talento é um vocábulo derivado do latim *talentum* e significa "Habilidade natural para a realização de algo com destreza ou perfeição; dom […] Aptidão inata para uma determinada área, em geral de natureza artística ou criativa; […] Pessoa possuidora de inteligência invulgar" (Talento…, 2020).

Ao examinarmos o significado da palavra, entendemos que, quando se trata de relacioná-la a AH/SD, não há um conceito único, pois quem analisa

> a literatura profissional e científica da área surpreende-se ao verificar que a utilização de duas palavras diferentes pode não significar, na realidade, existência de dois conceitos diferenciados [...]. Alguns autores usam esses termos [*dotados* e *talentosos*] como sinônimos, em expressões do tipo: "os dotados e talentosos". Outros, como Joseph Renzulli ou Robert Sternberg hesitam em usar o termo "talento" e focalizam a concepção de capacidade e desempenho superior no conceito único de dotação. (Anjos, 2011, p. 25)

Dentre aqueles que diferenciam os termos *dotação* e *talento*, encontra-se Guenther (2011, p. 85), para quem

> Dotação refere-se ao potencial presente na constituição do indivíduo, indica alto grau de capacidade natural em algum domínio, originada por predisposição genética, desenvolvida com base em aprendizagem informal sedimentada, assegurando maior generalização e melhor previsão para aprendizagem futura. Talento, por sua vez, refere-se a desempenho superior, habilidade treinada, competência, expertise, que, mesmo alcançando altos níveis de produção, tem estreita área de transferência, privilegia experiência retrospectiva e evocação, com pouca previsão de aprendizagem futura.

Conforme percebemos, para a autora talento e dotação não devem ser utilizados como sinônimos, pois ao passo que *dotação* indica uma habilidade natural em pelo menos um domínio da capacidade humana, *talento* assinala um conhecimento aprendido e uma maestria – habilidades que são sistematicamente desenvolvidas e que implicam alto nível na sua realização – em alguma área da atividade humana. Guenther (2011, p. 85), complementa que "desenvolver talentos pode ser um processo relativamente simples, que alcança resultados em menor tempo, e depende essencialmente de um plano pedagógico-educacional claro e determinado, focalizado em ensino, exercício, treino".

Diante do exposto, depreendemos que é possível desenvolver talentos desde que se tenha um planejamento educacional preciso e se contemple a teoria e a prática. Assim, o talento de uma criança não pode ser verificado somente pelo seu desempenho em testes de inteligência ou em qualquer outra forma de avaliação, mas sim partindo da observação de sua postura no "processo de perceber, pensar, analisar e abordar as situações nas quais se encontra, nas inter-relações com o mundo físico e social onde sua vida acontece" (Guenther, 2000, p. 55).

Na concepção de Gardner (1995, p. 50), "o talento é sinal de um potencial biopsicológico precoce, em alguns dos domínios existentes na cultura. Os indivíduos podem ser talentosos em qualquer área reconhecida como envolvendo inteligência".

Para Landau (2002), o talento é a única característica que difere uma criança com AH/SD das outras, e se manifesta por meio da inteligência e da superdotação em um campo específico de interesse do sujeito.

De acordo com Clark (citado por Simonetti, 2007, p. 2),

alunos talentosos se mostram bons pensadores, com profundo interesse pelo próprio rendimento, gostam de analisar e questionar o que lhes ensinam, examinar as novas informações, vão do concreto ao abstrato, diferenciando-se daqueles que não o são, mais pela forma como usam as suas habilidades cognitivas do que propriamente pelas habilidades que possuem.

Piirto (citado por Anjos, 2011, p. 22) menciona que "a construção da superdotação não é linear, mas uma esfera. Neste sentido, apresenta as seguintes características: elevada inteligência, talentos acadêmicos, criatividade, talentos musicais, talentos mecânicos, talentos para o relacionamento, talentos religiosos". Desse modo, entendemos que esse modelo circular envolve todos os tipos de talentos.

2.5
Genialidade

Etimologicamente, *gênio* é um vocábulo de origem latina – *genĭus* (Houaiss; Villar, 2009) – e, segundo Santana (2020),

> Na maioria das vezes são indivíduos com um grande talento que, no caso dos artistas, amenizam seu sofrimento, suas provações terrenas e suas dores através do processo catártico, ou seja, da purificação das paixões, na criação de verdadeiras obras-primas. Desde meados do século XVII este termo indica o potencial criador nas suas mais sublimes expressões. (Santana, 2019)

A respeito do conceito de gênio, cabe salientar que não há consenso entre os autores. De acordo com Houaiss e Villar (2009), trata-se de um indivíduo com "extraordinária capacidade intelectual, notadamente a que se manifesta em atividades criativas", como Albert Einstein e Pablo Picasso.

Curiosidade

"Albert Einstein (1879-1955) foi um físico e matemático alemão. Entrou para o rol dos maiores gênios da humanidade ao desenvolver a Teoria da Relatividade. Estabeleceu a relação entre massa e energia e formulou a equação que se tornou a mais famosa do mundo: $E = mc^2$. Recebeu o Prêmio Nobel de Física, por suas descobertas sobre a lei dos efeitos fotoelétricos" (Frazão, 2020).

Figura 2.1 – Albert Einstein

alexblacksea/Shutterstock

Alencar (2007b, p. 24) ressalta que "os primeiros estudos na área da inteligência superior foram direcionados para a investigação das características do gênio e seus antecedentes".

O termo *gênio* foi usado por alguns pesquisadores para se referir à superdotação, entre eles Lewis Terman (1877-1956), que, em 1920, realizou um estudo longitudinal, do qual participaram em torno de 1.500 crianças, as quais, com base em testes de inteligência, foram identificadas como superdotadas. Esse pesquisador supunha que essas crianças, ao se tornarem adultas, apresentariam uma produção excepcional (Fleith, 2007c).

Na opinião de Dilts (1998), os gênios são aqueles que fazem descobertas e contribuições relevantes em cada uma das áreas da ciência. Essas pessoas desenvolvem elevada capacidade intelectual e de produção e deixam uma contribuição para a humanidade.

Alencar (1993, p. 79) também corrobora que o termo *gênio* "tem sido reservado para apenas aqueles indivíduos que já deram uma contribuição original e de grande valor a uma área específica, valorizada socialmente".

Cabe destacar que a literatura pertinente, como as publicações veiculadas pela Secretaria de Educação Especial do Ministério da Educação, esclarece que há uma distinção terminológica entre *genialidade* e AH/SD. As **AH/SD** caracterizam-se como elevadas potencialidades de aptidões, talentos e habilidades, demonstradas por um alto desempenho em diferentes áreas de atividades, e a **genialidade** é estabelecida quando o sujeito possui um potencial superior aos demais para determinada construção que contribui para o desenvolvimento da sociedade e da ciência. Portanto, o termo *gênio* deve ser utilizado somente para aqueles "que deixaram um legado à humanidade, pelas suas contribuições originais e de grande valor" (Alencar, 2007b, p. 24).

2.6
Identificação de altas habilidades/superdotação

A identificação do sujeito com AH/SD "é um processo dinâmico que engloba avaliação e acompanhamento abrangentes e contínuos" (Brasil, 1995a, p. 17), ou seja, não basta somente acompanhar seu rendimento escolar ou analisar resultados de testes de inteligência que ele porventura tenha realizado; é necessário, além de outras variáveis, levar em consideração o contexto socioeconômico e cultural do qual ele é oriundo.

A Secretaria de Educação Especial, sugere

> que a identificação seja feita, principalmente, por meio da observação sistemática do comportamento e do desempenho do aluno, sempre que possível com foco em seu dia a dia, como em passeios, no recreio, em jornadas e atividades de lazer. Um acompanhamento sistemático, como parte desse processo, possibilitará conhecer os traços peculiares do aluno e verificar a intensidade, a frequência e a consistência desses traços ao longo de seu desenvolvimento. É importante também conhecer sua história de vida, familiar e escolar (se houver), bem como seus interesses, preferências e padrões de comportamento social em variadas oportunidades e situações. (Brasil, 1995a, p. 17)

A identificação do sujeito com AH/SD varia conforme as características e os objetivos do programa proposto.

Em um programa na área artística, a identificação certamente implicará em uma metodologia que avalia aspectos diversos do talento em questão. De forma similar, se a proposta do programa é atender aqueles alunos que se destacam na área de matemática ou ciências, isto irá implicar na identificação de habilidades específicas relativas a estas áreas. (Alencar, 1992, p. 26)

O mesmo acontece de acordo com a modalidade de ensino, ou seja, em um programa cuja proposta é identificar alunos universitários que se destacam por demonstrar habilidades superiores às dos demais colegas, o processo de seleção será diferente de um sugerido para a educação infantil ou o ensino fundamental.

Alencar (1992, p. 26), esclarece ainda que

de forma similar, para a identificação de alunos com um potencial superior provenientes do meio rural ou das camadas mais pobres da população, cuidados especiais devem ser tomados, uma vez que os testes e outros instrumentos de identificação disponíveis são mais adequados para a população de classe média. Nestes grupos, grau de interesse e motivação, originalidade de pensamento, além de traços de personalidade, como iniciativa e persistência, devem ser especialmente considerados, apesar de sabermos que tanto o desenvolvimento cognitivo como os traços de personalidade são profundamente afetados pelas experiências culturais do indivíduo.

É importante salientar, também, que os sujeitos com AH/SD não apresentam um perfil homogêneo; entretanto, algumas características podem ser evidenciadas, entre elas: sentam, engatinham e caminham precocemente; reconhecem desde a mais tenra idade as pessoas que os cuidam; desenvolvem a aquisição da linguagem e o conhecimento verbal precocemente; tem curiosidade intelectual aguçada, com elaboração de perguntas em nível mais avançado, e são persistentes em alcançar a informação desejada. Winner (1998) ressalta que a super-reatividade a ruídos é uma das reações frequentemente percebidas por pais de crianças globalmente superdotadas, com QI elevado. Esse sintoma geralmente se manifesta durante os primeiros anos de vida.

A Secretaria de Educação Especial relaciona algumas características consideradas universalmente, quais sejam:

> curiosidade e vivacidade mental, motivação interna, persistência na área de seu talento, facilidade de compreensão e percepção da realidade, capacidade de resolver problemas, energia, senso de humor, habilidade em assumir riscos, sensibilidade, pensamento original e divergente, conduta criativa. (Brasil, 2006, p. 34)

Fleith (2006) acrescenta, ainda, que os sujeitos com AH/SD apresentam alto grau de curiosidade, boa memória, atenção concentrada, persistência, independência e autonomia, facilidade de aprendizagem, criatividade e imaginação, iniciativa, liderança, vocabulário avançado para sua idade cronológica e riqueza de expressão verbal, entre outras.

Novamente, vale ressaltar que nem todos os sujeitos apresentam as mesmas características, intensidade e sistematização de comportamentos.

Na escola, os alunos com AH/SD destacam-se por: raciocínio lógico e abstrato; leitura precoce e boa memória para informação verbal e/ou matemática; e assincronia entre as áreas intelectual, psicomotora, linguística e perceptual. Eles interessam-se por problemas filosóficos, morais, políticos e sociais; preferem brincadeiras individuais e amigos mais velhos, próximos a eles em idade mental (Winner, 1998). Dessa maneira,

> A identificação de alunos com superdotação, na escola, deve assim, se basear no programa a ser implementado para o atendimento de suas necessidades, a utilização de várias fontes de coleta de dados (entrevistas, observações, sondagens do rendimento e desempenho escolar, análise de produções e outros), no conhecimento das características específicas desse aluno e das diferentes fases de desenvolvimento pelas quais as pessoas passam em cada faixa etária.
>
> Observa-se que tais alunos, "quando percebidos por seus professores, revelam:
>
> - Aprendizagem com instrução mínima;
> - Persistência e concentração;
> - Alto grau de energia;
> - Interesses específicos;
> - Estilo próprio para resolver situações-problemas;
> - Curiosidade acentuada. (Brasil, 2006, p. 20-21)

Mais uma vez ressaltados que, devido à heterogeneidade do grupo, nem todos os alunos apresentarão os mesmos atributos listados; alguns sujeitos têm uma ou outra característica mais acentuada em uma área do que nas demais.

Síntese

Nesse capítulo, tivemos a oportunidade de refletir sobre o que é *precocidade, criança prodígio, talento, criatividade* e *genialidade*, haja vista que esses termos têm sido comumente confundidos na literatura e tidos como sinônimos de AH/SD. Assim, iniciamos nossa imersão no entendimento do que significa *precocidade*, percebendo que crianças precoces apresentam um desenvolvimento mais rápido do que o esperado se comparadas a outras da mesma faixa etária. Na sequência, vimos que o prodígio é aquele que tem um desempenho altamente elevado no desenrolar de atividades, por exemplo, com menos de 10 anos de idade atingir o nível de um sujeito adulto capacitado em alguma área que demanda muito esforço. Conferimos também o significado de *criatividade* e notamos que ela está presente em todos os seres humanos, mas em intensidade diferente, uma vez que se manifesta de várias maneiras e é influenciada por fatores ambientais. Os traços criativos evidenciam-se por comportamentos visíveis, seja no pensar, seja no fazer, e podem ser expressos nas diversas formas de linguagens: fala; gestos; música; artes plásticas; matemática, entre outras. Entendemos que *talento* refere-se à maestria superior em habilidades que são desenvolvidas a partir do treino sistemático e do domínio de conhecimento em pelo menos uma área da atividade humana; mas quando se trata de relacioná-lo às AH/SD, não há um conceito único difundido pela literatura pertinente. Posteriormente, discutimos sobre o que é genialidade e aprendemos que um sujeito só deve ser denominado *gênio* quando tiver deixado algum feito para a humanidade. Por fim, conhecemos a maneira pela qual é possível identificar o sujeito com AH/SD, percebendo que se trata de um processo dinâmico, que demanda uma criteriosa avaliação.

Atividades de autoavaliação

1. A respeito do aluno precoce, podemos afirmar que:
    I) é aquele que se destaca perante às crianças da mesma idade, em razão das habilidades que apresenta;
    II) difere de seus pares etários, em virtude das habilidades antecipadamente desenvolvidas, as quais podem indicar a existência de superdotação;
    III) apresenta desempenho intelectual abaixo da média em relação aos demais colegas da mesma idade;
    IV) é o mesmo que aluno prodígio.

    Assinale a alternativa correta:

    a) As afirmativas I, II e III estão corretas.
    b) As afirmativas I e II estão corretas.
    c) As afirmativas I e IV estão corretas.
    d) As afirmativas I, II e IV estão corretas.
    e) Todas as afirmativas estão corretas.

2. Como vimos neste capítulo, a criatividade apresenta intensidade e níveis diferenciados. Relacione esses níveis às suas descrições.
    1) Nível expressivo
    2) Nível produtivo
    3) Nível inventivo
    4) Nível inovativo

5) Nível emergente
( ) Ampliação da técnica de execução, predominância da qualidade sobre a forma e o conteúdo final.
( ) Refere-se a princípios novos, e não apenas a modificações.
( ) Descoberta de novas formas de expressão.
( ) Invenção e capacidade de descobrir novas realidades.
( ) Máximo poder criador; é menos frequente, visto que poucos o atingem; implica originalidade.

Agora, assinale a sequência correta:

a) 1, 3, 4, 2, 5.
b) 2, 4, 3, 5, 1.
c) 2, 5, 1, 3, 4.
d) 4, 2, 5, 1, 3.
e) 5, 3, 1, 2, 4.

3. No que se refere a talento, é correto afirmar que:
   a) é um desempenho superior, uma habilidade treinada, uma competência, uma *expertise*.
   b) é originário de predisposição genética.
   c) se desenvolve com base em aprendizagem informal sedimentada.
   d) assegura maior generalização e melhor previsão para aprendizagem futura.
   e) assegura um futuro bem-sucedido.

4. A respeito da identificação de alunos com AH/SD a Secretaria de Educação Especial do Ministério da Educação tece algumas considerações. São elas:

I) deve ser um processo dinâmico, que engloba avaliação e acompanhamento abrangentes e contínuos;
II) deve ser feita, principalmente, por meio da observação sistemática do comportamento e do desempenho do aluno;
III) não é necessária nenhuma observação sistemática, pois a criança com AH/SD não precisa de acompanhamento;
IV) é importante conhecer a história de vida, familiar e escolar da criança.

Assinale a alternativa correta:

a) As afirmativas I, II e III estão corretas.
b) As afirmativas I e III estão corretas.
c) As afirmativas I, II e IV estão corretas.
d) As afirmativas III e IV estão corretas.
e) Somente a afirmativa IV está correta.

5. Marque V para as afirmativas verdadeiras e F para as falsas:
( ) *Gênio* é uma denominação atribuída àqueles que deixaram um legado à humanidade.
( ) Crianças prodígios são aquelas que possuem um desempenho além do padrão para suas idades.
( ) A precocidade é um indicativo de AH/SD.
( ) O talento pode ser entendido como uma aptidão de rendimento elevado em uma área específica do comportamento humano.

( ) Crianças precoces são aquelas que apresentam um desenvolvimento acima do normal para sua idade cronológica.

Assinale a sequência correta:

a) V, V, V, V, V.
b) V, F, F, V, V.
c) F, V, V, V, F.
d) V, V, F, V, V.
e) F, F, F, V, V.

Atividades de aprendizagem

Questões para reflexão

1. De que maneira o professor pode contribuir para que o aluno com AH/SD desenvolva todo o seu potencial criativo?

2. Escreva o que você entendia por talento e precocidade antes de ter acesso a esta obra e compare com as definições encontradas aqui. Além disso, o que pode ser feito para que conceitos como esses sejam mais esclarecidos para a população?

Atividade aplicada: prática

1. Elabore um levantamento bibliográfico e mencione ao menos cinco características pelas quais podemos identificar um sujeito com AH/SD emitindo sua opinião a respeito.

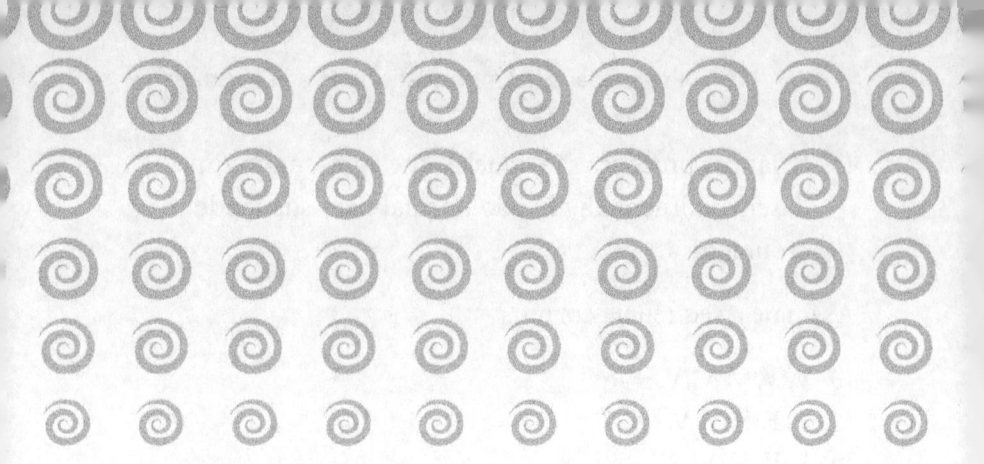

3
Altas habilidades/ superdotação: perspectivas e concepções contemporâneas

Neste capítulo, vamos apresentar as teorias que auxiliam na fundamentação de altas habilidades/superdotação (AH/SD).

Iniciamos pela teoria dos três anéis, concebida por Joseph Renzulli (1936-), que propôs uma concepção de superdotação, incluindo os seguintes elementos: habilidades acima da média, envolvimento com a tarefa e criatividade.

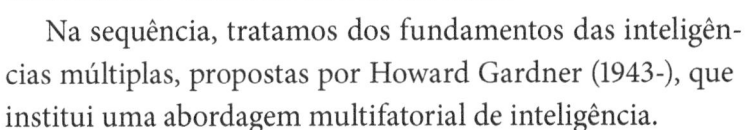

Na sequência, tratamos dos fundamentos das inteligências múltiplas, propostas por Howard Gardner (1943-), que institui uma abordagem multifatorial de inteligência.

Posteriormente, passamos à teoria triárquica da inteligência, difundida por Robert Sternberg (1949-), para quem a inteligência não é estática e, ao associá-la ao conhecimento, à motivação e à personalidade em um ambiente favorável a comportamentos talentosos, é possível gerar comportamentos e pensamentos criativos.

Em seguida, convidamos, você, leitor, a conhecer a teoria do Modelo Diferenciado de Superdotação e Talentos (MDST) proposta por Françoys Gagné. E, finalmente, abordamos os aspectos da teoria histórico cultural de Lev Vygotsky (1896-1934) na abordagem sobre AH/SD.

3.1
A concepção de superdotação dos três anéis de Joseph Renzulli

Antes de descrever a teoria dos três anéis, é importante contextualizar a maneira como ela foi almejada.

A princípio, o pesquisador americano Joseph Renzulli[1] considerou dois tipos de superdotação: 1) acadêmica, ou escolar, e 2) criativa-produtiva. Para ele, ambos eram importantes, pois habitualmente se inter-relacionavam.

A **superdotação acadêmica** é "apresentada por aqueles indivíduos que se saem bem na escola, aprendem rapidamente, apresentam um nível de compreensão mais elevado e têm sido os indivíduos tradicionalmente selecionados para participar de programas especiais para superdotados" (Alencar, 2007c, p. 30-31).

Renzulli (2004, p. 82), esclarece que

> a superdotação acadêmica é o tipo mais facilmente mensurado pelos testes padronizados de capacidade e, desta forma, o tipo mais convenientemente utilizado para selecionar alunos para os programas especiais. As competências que os jovens apresentam nos testes de capacidade cognitiva são exatamente os tipos de capacidades mais valorizados nas situações de aprendizagem escolar tradicional, que focalizam as habilidades analíticas em lugar das habilidades criativas ou práticas.

• • • • •
1 Dr. Joseph S. Renzulli nasceu nos Estados Unidos, em 7 de julho de 1936 e contribui "com a área de psicologia educacional há mais de cinquenta anos (desde 1962). Suas pesquisas iniciais tiveram foco na identificação da superdotação em crianças e jovens e em alternativas de apoio a esta população. É ainda hoje reconhecido nesta área, sendo referência a diversos programas para crianças superdotadas, inclusive no Brasil" (Sant'Ana, 2016, p. 20).

Esse tipo tende a ressaltar a aprendizagem dedutiva e o treino, sendo possível avaliá-lo por testes de inteligência.

Para Renzulli (2004), o segundo tipo, a **superdotação produtivo-criativa**, refere-se aos aspectos da atividade humana relacionados ao desenvolvimento de ideias, produtos e expressões artísticas originais. Nesse caso,

> as situações de aprendizagem concebidas para promover a superdotação produtivo-criativa enfatizam o uso e a aplicação do conhecimento e dos processos de pensamento de uma forma integrada, indutiva e orientada para um problema real. O papel do aluno passa do de aprendiz de lições predeterminadas e consumidor de informações para um outro papel, no qual ele ou ela utiliza o *modus operandi* do investigador em primeira mão (first-hand inquirer). (Renzulli, 2004, p. 83)

Desse modo, é quase impossível aferir esse caso por meio de testes de inteligência. Cabe salientar que foi sobre esse segundo tipo que Renzulli se debruçou em suas pesquisas, o que originou a teoria dos três anéis[2], proposta pelo pesquisador na década de 1970. Nessa teoria, a superdotação resulta da interação de três fatores: 1) habilidade acima da média, 2) envolvimento com a tarefa e 3) criatividade.

-----

2   A teoria dos três anéis é também conhecida como *círculo dos três anéis*.

Figura 3.1 – Representação gráfica da teoria dos três anéis de Renzulli

[Diagrama de três anéis: Habilidade acima da média, Envolvimento com a tarefa, Criatividade. Caixas externas: Ambiente, Fatores de personalidade, Comportamentos de superdotação.]

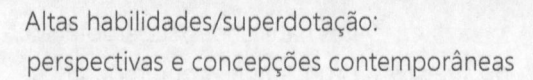

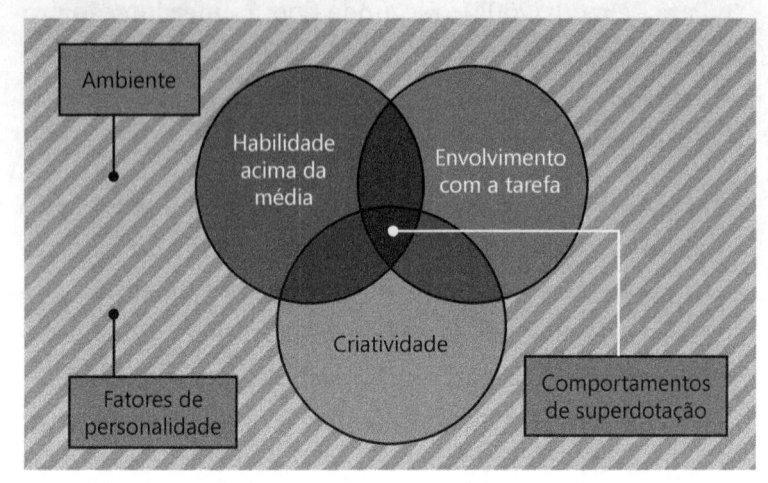

Fonte: Delpretto, 2009, p. 26.

Nota: A área hachurada corresponde ao ambiente e aos traços de personalidade.

O **primeiro anel**, denominado por Renzulli de *habilidade acima da média*, envolve tanto as habilidades gerais quanto as específicas.

Importante!

A **habilidade geral** consiste na capacidade de processar informações, integrar experiências que resultem em respostas adequadas e apropriadas a situações novas e na capacidade de engajamento em pensamentos abstratos (pensamento espacial, memória e fluência de palavras). Já as **habilidades específicas** dizem respeito à capacidade de aquisição de conhecimentos e habilidades para atuar em uma ou mais atividades de uma área específica, como a matemática, as artes plásticas e a física.

O **segundo anel**, conhecido por *envolvimento com a tarefa*, corresponde à motivação e ao entusiasmo com que o sujeito canaliza a energia para a execução de determinada atividade e/ou resolução de um problema.

O **terceiro anel** envolve a criatividade e se manifesta por meio de fluência, flexibilidade e originalidade de pensamento, curiosidade, sensibilidade e coragem para correr riscos.

De acordo com Renzulli (2004, p. 83), "as pessoas nem sempre mostram o máximo de criatividade ou comprometimento com a tarefa. As pessoas altamente criativas e produtivas têm altos e baixos no rendimento de alto nível". O referido autor alerta, ainda, que os três anéis não necessitam estar presentes ao mesmo tempo e com a mesma intensidade; contudo, é preciso que eles interajam em algum grau para se obter um alto nível de produtividade.

Ainda a respeito da intersecção dos três anéis (comportamentos de superdotação), Chagas (2007, p. 16) menciona que "são dinâmicos, complexos, temporais e envolvem a interação entre habilidades cognitivas, os traços de personalidade e o ambiente onde o indivíduo está inserido". É importante destacar que o ambiente e a cultura influenciam no desenvolvimento da superdotação e que a escola tem um papel imprescindível para estimular o potencial e o talento de seus alunos.

3.2
A teoria das inteligências múltiplas de Howard Gardner

A teoria das inteligências múltiplas foi idealizada pelo psicólogo e neurologista americano Howard Gardner[3], sendo difundida nos anos de 1983.

De acordo com Gardner (1995, p. 21), a inteligência é a "capacidade de resolver problemas ou elaborar produtos que são importantes num determinado ambiente ou comunidade cultural". Nesse sentido,

> a inteligência é um potencial biopsicológico. O fato de um indivíduo ser ou não considerado inteligente e em que aspectos é um produto em primeiro lugar de sua herança genética e de suas propriedades psicológicas [...] O talento é sinal de um

• • • • •
[3] "Howard Gardner nasceu em Scranton, no estado norte-americano da Pensilvânia, em 1943, numa família de judeus alemães refugiados do nazismo. Ingressou na Universidade Harvard em 1961 para estudar história e direito, mas acabou se aproximando do psicanalista Erik Erikson (1902-1994) e redirecionou a carreira acadêmica para os campos combinados de psicologia e educação. Na pós-graduação, pesquisou o desenvolvimento dos sistemas simbólicos pela inteligência humana sob orientação do célebre educador Jerome Bruner. Nessa época, Gardner integrou-se ao Harvard Project Zero, destinado inicialmente às pesquisas sobre educação artística. Em 1971, tornou-se codiretor do projeto, cargo que mantém até hoje. Foi lá que desenvolveu as pesquisas sobre as inteligências múltiplas. [...] Hoje leciona neurologia na escola de medicina da Universidade de Boston e é professor de cognição e pedagogia e de psicologia em Harvard. Nos últimos anos, vem pesquisando e escrevendo sobre criadores e líderes exemplares, tema de livros como Mentes Extraordinárias. Em 2005, foi eleito um dos 100 intelectuais mais influentes do mundo pelas revistas Foreign Policy e Prospect". (Ferrari, 2008).

Altas habilidades/superdotação: perspectivas e concepções contemporâneas

potencial biopsicológico precoce, em alguns dos domínios existentes na cultura. Os indivíduos podem ser talentosos em qualquer área reconhecida como envolvendo inteligência. (Gardner, 1995, p. 50)

Para o referido autor, a inteligência é multifatorial e ele identifica ao menos oito tipos: 1) linguística, 2) lógico-matemática, 3) espacial, 4) interpessoal, 5) intrapessoal, 6) musical, 7) corporal-cinestésica e 8) naturalista.

Figura 3.2 – Representação gráfica das inteligências múltiplas

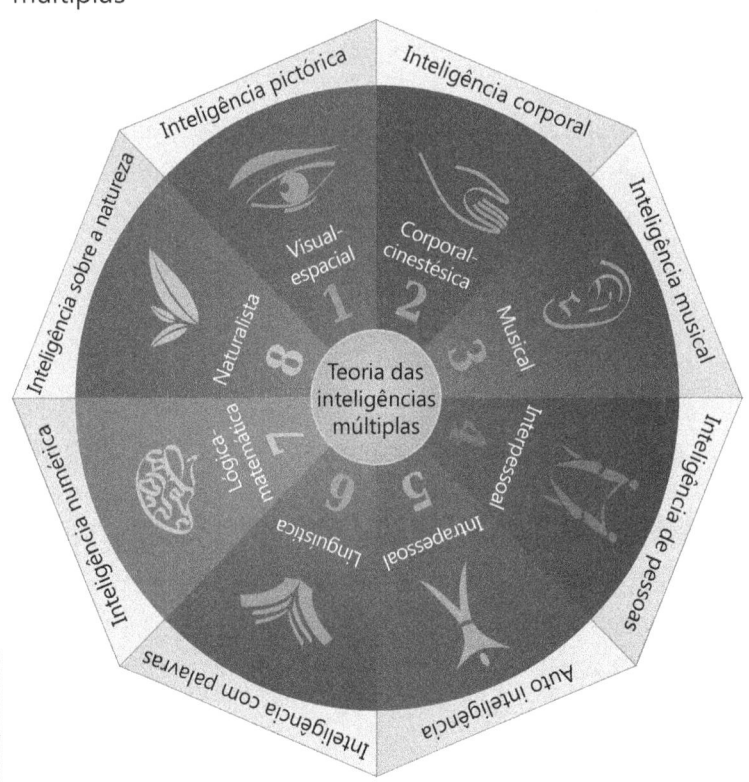

A inteligência **linguística** "envolve sensibilidade para a língua falada e escrita, a habilidade de aprender línguas e a capacidade de usar a língua para atingir certos objetivos" (Gardner, 1995, p. 56). Essa inteligência não diz respeito apenas à maneira como o sujeito se comunica oralmente, mas a todas as outras formas de comunicação (escrita, gestual etc.).

A inteligência **lógico-matemática** compreende "a capacidade de analisar problemas com lógica, de realizar operações matemáticas e investigar questões cientificamente" (Gardner, 1995, p. 56). Cabe destacar que, por muitos anos, ela foi utilizada como referência para mensurar, por meio dos testes de Quociente de Inteligência (QI), o quão inteligente era um sujeito.

A inteligência **espacial** "é a capacidade de compreender o mundo visual de modo minucioso e reconhecer/manipular os padrões do espaço amplos ou mais confinados" (Gardner, 1995, p. 58).

Antunes (2002, p. 36) destaca que,

> nos problemas que caracterizam nosso cotidiano, a inteligência espacial é importante para nossa orientação em diversas localidades, para o reconhecimento de cenas e objetos quando trabalhamos com representações gráficas em mapas, gráficos, diagramas ou formas geométricas, na sensibilidade para perceber metáforas, na criação de imagens reais que associam a descrição teórica ao que existe de prático e, até mesmo, quando, pela imaginação, construímos uma fantasia com aparência real.

Nesse tipo, destacam-se pintores, escultores, enxadristas, fotógrafos, publicitários, entre outros.

A respeito das inteligências **interpessoal** e **intrapessoal**, Gardner (1995, p. 57) tece a seguinte colocação:

> Interpessoal: habilidade de entender as intenções, motivações e desejos dos outros, e consequentemente, de trabalhar de modo eficiente com terceiros.
>
> Intrapessoal: envolve a capacidade da pessoa se conhecer, ter um modelo individual de trabalho eficiente – incluindo aí os próprios desejos, medos e capacidades e de usar estas informações com eficiência para regular a própria vida.

Podemos perceber que, na inteligência interpessoal, está intrínseca a empatia, a aptidão em se colocar no lugar do outro, o que auxilia no trabalho em grupo. Já a inteligência intrapessoal nos permite entender as razões pelas quais outro indivíduo é da maneira que é.

A inteligência **musical**, como o próprio nome diz, corresponde à habilidade que o sujeito tem para tocar instrumentos, compor e admirar padrões musicais. Antunes (2002, p. 56), alerta, porém, que essa inteligência "não pode ser confundida como um talento, e que sua competência se manifesta, desde muito cedo, pela facilidade em identificar sons diferentes, perceber as nuanças de sua intensidade, captar sua direcionalidade". O autor ressalta que, especialmente na música, o indivíduo com essa inteligência percebe de forma clara o tom ou a melodia, o ritmo ou a frequência e o agrupamento dos sons e suas características intrínsecas.

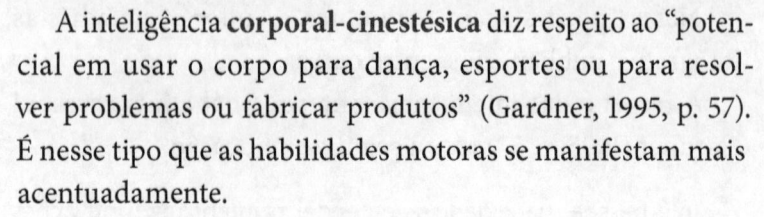

A inteligência **corporal-cinestésica** diz respeito ao "potencial em usar o corpo para dança, esportes ou para resolver problemas ou fabricar produtos" (Gardner, 1995, p. 57). É nesse tipo que as habilidades motoras se manifestam mais acentuadamente.

Em 1995, Gardner incluiu a inteligência **naturalista**, que consiste nas "habilidades em reconhecer, distinguir e classificar espécies da natureza". Para o pesquisador, é uma das inteligências imprescindíveis para a sobrevivência da humanidade.

Além dessas, outras duas inteligências constam na literatura: 1) a espiritual e 2) a existencial.

> a inteligência espiritual prende-se com a aptidão para lidar com conceitos abstractos e difusos acerca da existência e dos processos complexos, como a alteração dos estados de consciência individuais; e inteligência existencial tem a ver com a capacidade para se questionar e localizar face a aspectos importantes da condição humana, tais como o significado da vida, da morte e da existência de outra vida, ou ainda experiências profundas de amor por alguém ou total imersão numa produção artística. (Almeida et al., 2009, p. 43)

Os autores ressaltam que essas inteligências são independentes, têm o mesmo grau de importância e são atributos de todos os sujeitos. No entanto, os tipos podem se manifestar de forma mais acentuada em uns indivíduos do que em outros.

A respeito da superdotação, Gardner (1994) menciona que crianças superdotadas, a quem ele denomina *indivíduos extraordinários*, apresentam um desenvolvimento elevado em determinada inteligência, mesmo antes de serem estimuladas a desenvolvê-las.

Na concepçao de Gama (2006, p. 40),

> Gardner acredita que estas crianças, quando expostas a conteúdos específicos das inteligências nas quais têm potencial, bem como têm oportunidades para explorar tais conteúdos, possuem verdadeiras chances de se tornarem excepcionais em campos de atividade que dependem das inteligências em questão.

Para Gardner, a superdotação resulta das "habilidades inatas em interação com um meio ambiente apropriado e favorável, e não apenas resultado de inteligência alta" (Martins, 2006, p. 32). Dessa maneira, não se deve generalizar e nem pressupor que os sujeitos com AH/SD sempre apresentem domínio em todas as áreas do conhecimento, pois eles podem ter desempenho expressivo em algumas áreas e baixo rendimento em outras.

3.3
Teoria triárquica de Sternberg

A teoria triárquica da inteligência foi difundida pelo psicólogo norte-americano Robert Sternberg em 1985, no intuito de superar as teorias estanques embasadas nos testes de QI.

> **Preste atenção!**
>
> Psicólogo norte-americano, nascido em 1949, investigou a inteligência, inspirando-se no modelo de processamento de informação. Apresentou, na década de 80, uma teoria triárquica da inteligência em que distingue diferentes níveis de funcionamento intelectual: as metacomponentes que são os processos de ordem superior, as componentes de execução que são os processos mentais que executam as estratégias selecionadas, e as componentes de aquisição de conhecimentos que estão envolvidos na aquisição de novas aprendizagens. É muito crítico relativamente aos testes mentais, dado que considera que são instrumentos que medem apenas alguns aspectos da inteligência.
>
> Robert Sternberg in Artigos de apoio. Infopédia [em linha]. Porto: Porto Editora, 2003-2020. [consult. 2020-02-06 11:45:04]. Disponível na Internet: https://www.infopedia.pt/apoio/artigos/$robert-sternberg

Sternberg (2000, p. 400) conceitua a inteligência como "a capacidade para aprender a partir da experiência, usando processos cognitivos para melhorar a aprendizagem e a capacidade para adaptar-se ao ambiente circundante, que pode exigir diferentes adaptações dentro de diferentes contextos sociais e culturais".

Observe o Quadro 3.1, a seguir, que apresenta os componentes da inteligência de Sternberg.

Quadro 3.1 – Componentes da inteligência conforme Sternberg

O mundo interno: cognição	1) processos para decidir o que fazer e o quão bem foi feito 2) processos para fazer o que foi decidido ser feito 3) processos para aprender como fazer
O mundo externo: percepção e ação	1) adaptação a ambientes existentes 2) modelagem de ambientes existentes em novos 3) a seleção de novos ambientes quando os antigos se provam insatisfatórios
A integração dos ambientes internos e externos através da experiência	1) a habilidade de se adaptar às novas situações 2) processos para criar objetivos e para planejamento 3) mudança dos processos cognitivos pela experiência externa

Fonte: Sabbatini, 2011.

A teoria triárquica da inteligência enfatiza a importância da intuição, ou *insight*, e a resposta para a solução de uma tarefa. Nessa teoria, tanto o desempenho do *insight* demonstrado quanto as habilidades em resolver problemas, além dos componentes de aquisição de conhecimento, são considerados indicadores de superdotação (Villarraga; Martínez; Benavides, 2004).

De acordo com a teoria triárquica da inteligência, o processamento de informações divide-se em três subteorias, as quais são interligadas entre si, a saber: 1) componencial, 2) experiencial e 3) contextual.

De acordo com Virgolim (1997, p. 180, grifo nosso e do original),

> A primeira delas é a **subteoria componencial**, que especifica os mecanismos ou componentes mentais responsáveis pelo

planejamento, execução e avaliação do comportamento inteligente, atuando através do processamento de informação. A segunda subteoria proposta pelo modelo triárquico – **subteoria experiencial** – propõe que uma tarefa mede a "inteligência" na medida em que requer a habilidade de lidar com a novidade e a habilidade de automatizar o processamento da informação.

Já para a **subteoria contextual** a inteligência "(a) depende do contexto sociocultural; (b) é proposital, relacionada a um objetivo; (c) é adaptável, o que implica formação e modificação do ambiente, tornando-o mais adequado; e (d) envolve a seleção ativa de um ambiente" (Virgolim, 2014, p. 47).

Diante do exposto, podemos perceber que a subteoria componencial aborda os mecanismos de processamento de informações usados para realizar comportamentos inteligentes. A subcategoria experiencial, por sua vez, sugere que a inteligência é relativa à experiência de cada sujeito e que o processo de *insight* – ou intuição – adquire uma relevância especial. E, na subcategoria contextual, todos os tipos de comportamentos e/ou situações podem ser considerados inteligentes em relação a diferentes culturas e envolvem habilidades práticas de resolução de problemas e habilidades sociais.

Curiosidade

"A terceira subteoria é a subteoria contextual, que tem cinco pressupostos: 1) a inteligência está relacionada à relevância do comportamento para alguém, em sua vida real; a inteligência não pode ser desvinculada do contexto sociocultural, que faz com que um indivíduo possa ser considerado inteligente em uma cultura, mas não em outra, em direta dependência do que é valorizado em cada uma; 2) a inteligência é proposital, relacionada a um objetivo, não importa se consciente ou não; 3) a inteligência é adaptativa, o que consiste na tentativa de um melhor encaixe do indivíduo no seu ambiente que resulte em satisfação; 4) a inteligência envolve dar forma ao ambiente, modificá-lo, de modo que ele se torne mais adequado à si próprio; 5) a inteligência envolve a seleção de ambientes, ou seja, quando a adaptação não é possível e a modificação falha, o indivíduo deve selecionar outro ambiente no qual ele possa, potencialmente, se encaixar melhor e maximizar sua participação" (Virgolim, 1997, p. 181).

Partindo desses aspectos, Sternberg (1994) diferencia três tipos de talentos: 1) analítico, 2) criativo e 3) prático.

O tipo *analítico* se caracteriza por elevada capacidade de planejamento e obtém altas pontuações nas avaliações e notas acadêmicas excelentes; o *criativo* é extremamente talentoso; e o *prático* se destaca por sua habilidade no mundo social (Villarraga; Martínez; Benavides, 2004). Assim, segundo Maximiano (2014):

- **inteligência analítica**: inteligência tradicional, necessária para resolver problemas difíceis e praticar o raciocínio abstrato;
- **inteligência criativa**: inteligência necessária para a imaginação e para combinar coisas de maneiras inovadoras;
- **inteligência prática**: inteligência necessária para adaptar o ambiente de maneira a atender às necessidades.

De acordo com Carneiro e Ziviani (1998, p. 143), "estas três inteligências se combinam e são aplicadas com o objetivo de se atingir metas importantes. A inteligência bem-sucedida é avaliada pela capacidade de se pensar de forma a se desenvolver a excelência pessoal e se obter sucesso no 'mundo real'".

Ainda, conforme Sternberg (2000), crianças superdotadas apresentam um desenvolvimento cognitivo (processamento da informação) superior ao das demais crianças da mesma faixa etária, pois a capacidade metacognitiva inicia-se em idade mais precoce.

3.4
Teoria do Modelo Diferenciado de Superdotação e Talento

O Modelo Diferenciado de Superdotação e Talento (MDST), proposta pelo pesquisador e professor canadense Françoys Gagné[4], hierarquiza, num único modelo, as diversas formas de aprender, as teorias relacionadas e os tipos de resultados de aprendizagem.

De acordo com Gagné (1985, tradução nossa),

-----
4 Françoys Gagné é doutor em Psicologia pela Universidade de Montreal e se dedicou à pesquisa e à docência no campo das AH/SD. Seu Modelo Diferenciado de Superdotação e Talento (MDST) determina que a capacidade é a matéria-prima do talento e que este se desenvolve somente com intervenção específica e adequada (Françoys..., 2020).

Na literatura científica, há ambiguidade na distinção entre os conceitos de *superdotação* e *talento*: [...] o primeiro está associado a domínios de habilidades que fomentam e explicam desempenhos excepcionais em campos variados de atividades, ou seja, talentos. Assim, pode-se ser superdotado sem necessariamente ser talentoso [...], mas não o oposto.

Villarraga, Martínez e Benavides (2004), mencionam que Gagné desenvolveu um modelo que é caracterizado pelos seguintes aspectos: admite a existência de capacidades e desempenhos excelentes em uma ampla área de domínios; reconhece que variáveis pessoais e ambientais interferem no desenvolvimento de talentos; distingue, conceitualmente, os termos *talento* e *superdotação* e propõe critérios operacionais coerentes para definir a extensão do conceito, isto é, sua prevalência na população.

Para Gagné (2012, tradução nossa)

a *superdotação* é inata e se relaciona ao uso de habilidades naturais, chamadas aptidões, em pelo menos um domínio de habilidade, num nível que coloque um sujeito, no mínimo, entre os 10% melhores de seus pares. Já *talento* diz respeito a um domínio superior das habilidades sistematicamente desenvolvidas, chamadas competências (conhecimento e habilidades), em pelo menos um campo da atividade humana.

Virgolim (2003, p. 19, grifo do original) expõe o posicionamento de Gagné da seguinte maneira:

[...] a *superdotação* corresponde à **competência** distintamente acima da média em um ou mais domínios da aptidão humana, enquanto o *talento* diz respeito ao **desempenho** distintamente acima da média em um ou mais domínios da atividade humana. A emergência de um talento resulta da aplicação de uma ou mais aptidões ao domínio de um conhecimento e habilidades em um campo particular, mediado pelo suporte de catalisadores intrapessoais (motivação, autoconfiança), ambientais (família, escola, comunidade), assim como pela aprendizagem sistemática e prática extensiva.

Gagné (2012) identificou cinco características de dotação: 1) intelectual, 2) criativa, 3) socioafetiva, 4) sensório-motora e 5) percepção extra-sensorial.

Simonetti (2008, p. 33), acrescenta que os estudos de Gagné "destacam quatro amplos domínios de dotação: inteligência e capacidade intelectual, criatividade e pensamento criador, capacidade socioafetiva e intrapessoal, e habilidades sensório-motoras" e que seis fatores – 1) chance ao acaso, 2) dotação, 3) traços próprios da pessoa, 4) aprendizagem, 5) influências ambientais e 6)educação formal – "levam ao favorecimento da expressão desses dotes em talentos, compreendidos como desempenho acima da média comparável, inclusive com produção de alta qualidade" (Simonetti, 2008, p. 30).

Nesse modelo, a dotação está associada a habilidades naturais; e o desenvolvimento do talento ocorre por meio da maturação biológica e psicológica da aprendizagem espontânea e da aprendizagem sistemática.

Segundo Simonetti (2008, p. 31),

> pode-se inferir, assim, que as altas habilidades naturais atuam como material para os elementos constituintes dos talentos; a superdotação se refere ao potencial ou às habilidades

naturais não treinadas, enquanto o termo talento se reserva, especificamente, para rendimentos alcançados como resultado de um programa sistemático de formação e prática, desenvolvido e construído a partir daquela dotação. O acaso, os catalisadores intrapessoais e os catalisadores ambientais nesse modelo atuam como facilitadores do desenvolvimento do Talento.

Na Figura 3.3, a seguir, é possível verificar a representação gráfica do MDST 2.0 proposto por Gagné, que mostra como a dotação pode ser transformada em talento, considerando os múltiplos fatores que o determinam.

Figura 3.3 – MDST 2.0 de Gagné

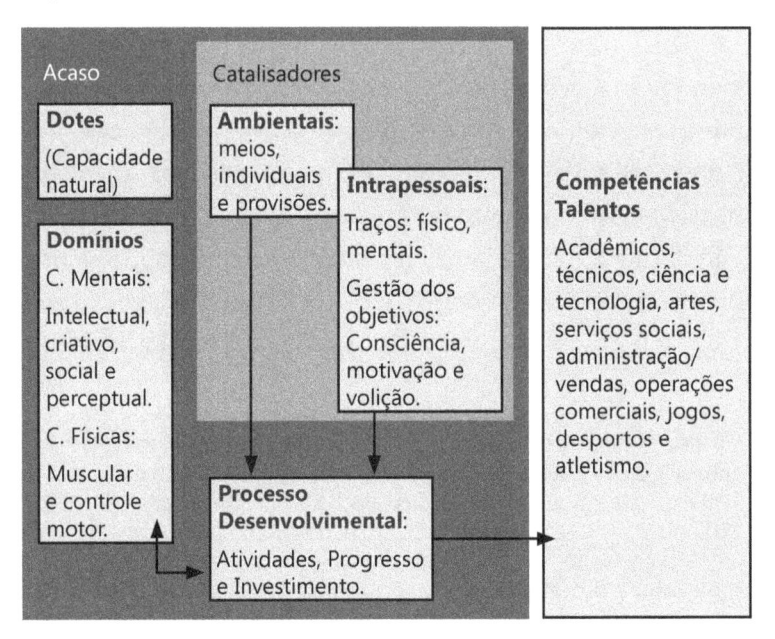

Acaso	Catalisadores		
Dotes (Capacidade natural)	**Ambientais:** meios, individuais e provisões.	**Intrapessoais:** Traços: físico, mentais. Gestão dos objetivos: Consciência, motivação e volição.	**Competências Talentos** Acadêmicos, técnicos, ciência e tecnologia, artes, serviços sociais, administração/ vendas, operações comerciais, jogos, desportos e atletismo.
Domínios C. Mentais: Intelectual, criativo, social e perceptual. C. Físicas: Muscular e controle motor.			
		Processo Desenvolvimental: Atividades, Progresso e Investimento.	

Fonte: Brandão, 2010, p. 7.

3.5
Diálogo da abordagem histórico-cultural de Vygotsky e as AH/SD: possibilidades de um viés teórico

A teoria histórico-cultural originou-se dos estudos do psicólogo bielorrusso Lev Semenovich Vygotsky[5], que buscava demonstrar a mediação social no desenvolvimento das funções psicológicas superiores.

> **Importante!**
>
> Funções psíquicas superiores ou funções psicológicas superiores são "aquelas funções mentais que caracterizam o comportamento consciente do homem: sua atenção voluntária, percepção, a memória e pensamento, este último, constitui uma perspectiva metodológica que chama nossa atenção para a compreensão de diversos aspectos da personalidade do

---

[5] "Lev Semenovitch Vygotsky (1896-1934) foi um psicólogo bielo-russo que realizou diversas pesquisas na área do desenvolvimento da aprendizagem e do papel preponderante das relações sociais nesse processo, o que originou uma corrente de pensamento denominada Sócio Construtivismo. [...] O interesse de Vygotsky pelas funções mentais superiores, cultura, linguagem e processos orgânicos cerebrais o levaram a trabalhar com pesquisadores neurofisiologistas como Alexander Luria e Alexei Leontiev, que deixaram importantes contribuições para o Instituto de Deficiência de Moscou, entre eles o livro 'A Formação Social da Mente' onde aborda os processos psicológicos tipicamente humanos, analisando-os a partir da infância e do seu contexto histórico-cultural" (Frazão, 2020).

homem. Sua teoria chama de funções psicológicas superiores aos processos tipicamente humanos como: memória, atenção e lembrança voluntária, memorização ativa, imaginação, capacidade de planejar, estabelecer relações, ação intencional, desenvolvimento da vontade, elaboração conceitual, uso da linguagem, representação simbólica das ações propositadas, raciocínio dedutivo, pensamento abstrato" (Maior; Wanderley, 2016).

De acordo com Oliveira (1997, p. 23), a teoria vygotskyana se ancora em três pilares, a saber:

- as funções psicológicas têm suporte biológico, pois são produtos da atividade cerebral;
- o funcionamento psicológico fundamenta-se nas relações sociais entre os indivíduos e o mundo exterior, as quais se desenvolvem num processo histórico;
- a relação homem/mundo é uma relação mediada por sistemas simbólicos.

Vygotsky (2005) defende a ideia de que há uma relação ativa entre o sujeito e sua cultura em um determinado tempo histórico, que atua como mola propulsora para a aprendizagem e o desenvolvimento das funções psicológicas superiores, como a consciência. Ele trouxe à tona um novo olhar sobre a psicologia, suscitando que o homem só pode ser estudado por meio de seu contexto histórico e sociocultural, ou seja, o desenvolvimento psicológico depende das condições propiciadas pelo meio, que, por sua vez, é produto da história e da cultura.

Um dos conceitos centrais enfocados pela teoria vygotskyana é a **mediação**. Para o autor, o desenvolvimento do pensamento não ocorre forma autônoma e independente, mas sim sob a mediação dos signos e dos instrumentos culturais que se encontram disponíveis. Assim, "o pensamento tem que passar primeiro pelos significados e depois pelas palavras. Uma compreensão plena e verdadeira do pensamento de outrem só é possível quando entendemos sua base afetivo-volitiva" (Vygotsky, 2005, p. 186).

Thomas (citado por Vygotsky, 2005, p. 4) complementa que

> as habilidades cognitivas e as formas de estruturar o pensamento do indivíduo não são determinadas por fatores congênitos. São, isto sim, resultado das atividades praticadas de acordo com os hábitos sociais da cultura em que o indivíduo se desenvolve. Consequentemente, a história da sociedade na qual a criança se desenvolve e a história pessoal desta criança são fatores cruciais que vão determinar sua forma de pensar. Neste processo de desenvolvimento cognitivo, a linguagem tem papel crucial na determinação de como a criança vai aprender a pensar, uma vez que formas avançadas de pensamento são transmitidas à criança através de palavras.

Dessa maneira, "o processo de mediação, por meio de instrumentos e signos, é fundamental para o desenvolvimento das funções psicológicas superiores, distinguindo o homem dos outros animais. A mediação é um processo essencial para tornar possível atividades psicológicas voluntárias, intencionais, controladas pelo próprio indivíduo" (Oliveira, 1997, p. 33).

Para Vygotsky, "a criança que apresenta superdotação necessita de uma mudança de procedimentos e atenção durante o desenvolvimento das formas especiais de talento, seja porque apresenta uma forma diferente de agir e de pensar, ou porque sua criatividade requer procedimentos adequados para ser desenvolvida" (Piske, Stoltz; Camargo, 2016, p. 207).

A criatividade, de acordo com Vygotsky (2009), é um processo que faz parte do cotidiano do ser humano e está ligada à reprodução de fatos vivenciados anteriormente – que se encontram registrados na memória – e à capacidade de transformar o que está retido nela. Assim, quanto mais enriquecedoras as experiências vividas pela criança, mais chances ela terá de desenvolver a imaginação e a criatividade em suas ações. As brincadeiras são excelentes aliados nesse processo.

Outro conceito destacado por Vygotsky (2005) diz respeito à Zona de Desenvolvimento Proximal, que corresponde ao conjunto de habilidades – ainda em desenvolvimento – em que a criança deve ser auxiliada e/ou orientada por alguém mais experiente para obter sucesso em suas atividades. Nesse sentido, devem-se considerar dois níveis de desenvolvimento: 1) o real e 2) o potencial, os quais sinalizam o que o aluno é capaz de fazer sozinho e o que ele consegue fazer com o auxílio de outras pessoas. Observe a Figura 3.4, a seguir.

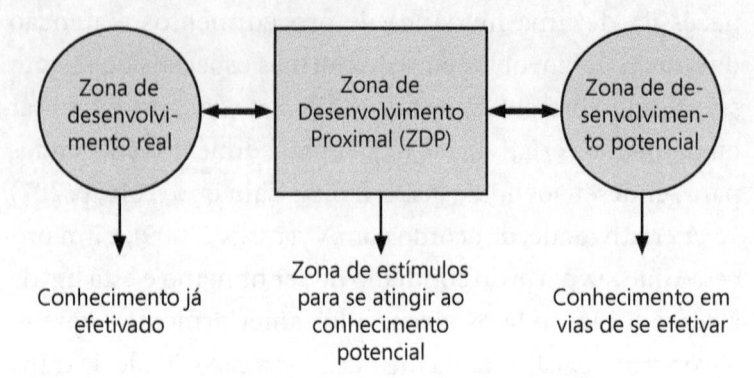

Figura 3.4 – Zona de Desenvolvimento Proximal

```
┌─────────────┐      ┌──────────────┐      ┌─────────────┐
│   Zona de   │      │   Zona de    │      │ Zona de de- │
│desenvolvi- │◄────►│Desenvolvimento│◄────►│senvolvimen- │
│ mento real │      │Proximal (ZDP)│      │to potencial │
└──────┬──────┘      └──────┬───────┘      └──────┬──────┘
       ▼                    ▼                     ▼
 Conhecimento já     Zona de estímulos      Conhecimento em
    efetivado         para se atingir ao    vias de se efetivar
                        conhecimento
                         potencial
```

No que diz respeito à aprendizagem do aluno com AH/SD, Sakaguti (2010) acrescenta que

> é mais rápida do que os outros de sua idade, necessitando de pouca ou mínima interferência do outro adulto para compreender e interligar conhecimentos. No entanto, cabe destacar que necessita da interação com o professor para avançar e ir além do que já sabe, para aprender a se perceber e avaliar, para aprofundar os conhecimentos e buscar novas perspectivas em seu campo de interesse específico.

Diante do exposto, podemos perceber a importância da mediação do professor para que o aluno consiga atingir a Zona de Desenvolvimento Potencial. Em síntese, a teoria vygotskyana e sua abordagem histórico-crítica é muito importante para compreender como ocorre o desenvolvimento do sujeito com AH/SD.

Síntese

Neste capítulo, refletimos sobre as teorias que auxiliam na fundamentação das AH/SD. Inicialmente, verificamos a teoria dos três anéis, de Joseph Renzulli, cuja proposta de superdotação é composta por habilidades acima da média, envolvimento com a tarefa e criatividade. Conhecemos também a teoria das inteligências múltiplas, proposta por Howard Gardner, verificando que, por meio dela, os testes de QI tiveram novos significados. Assim, obtivemos subsídios para entender a teoria triárquica da inteligência, difundida por Robert Sternberg, que defende a inteligência como não estática e que, quando associada ao conhecimento, à motivação e à personalidade em um ambiente favorável a comportamentos talentosos, possibilita a geração de comportamentos e pensamentos criativos. Posteriormente, conhecemos a teoria do Modelo Diferenciado de Superdotação e Talentos (MDST), proposta por Françoys Gagné. Por fim, percorremos os aspectos da teoria histórico-cultural, proposta por Lev Vygotsky, na abordagem sobre AH/SD.

Atividades de autoavaliação

1. Relacione o idealizador à sua teoria.
    1) Joseph Renzulli
    2) Howard Gardner
    3) Robert Sternberg
    4) Françoys Gagné
    5) Lev Vygotsky

( ) Teoria triárquica da inteligência
( ) Teoria do Modelo Diferenciado de Superdotação e Talentos (MDST)
( ) Teoria dos três anéis
( ) Teoria histórico-cultural
( ) Teoria das inteligências múltiplas

Assinale a sequência correta:

a) 1, 3, 4, 2, 5.
b) 3, 4, 1, 5, 2.
c) 2, 5, 1, 3, 4.
d) 4, 2, 5, 1, 3.
e) 5, 2, 3, 1, 4.

2. A teoria dos três anéis inclui os seguintes elementos:
   a) habilidades acima da média, envolvimento com a tarefa e criatividade.
   b) criatividade, habilidade mediana e desempenho intelectual.
   c) habilidades, atitudes e conhecimentos.
   d) desempenho intelectual; habilidades e atitudes.
   e) criatividade, atitudes e habilidade mediana.

3. A respeito da teoria das inteligências múltiplas, podemos afirmar que:
   I) a inteligência é um fator multifatorial e são identificados, ao menos, oito tipos de inteligências diferentes;
   II) a inteligência linguística diz respeito apenas à comunicação oral, ou seja, não envolve outras formas de comunicação (escrita, gestual, entre outras);

III) a inteligência interpessoal diz respeito às habilidades de entender as intenções, as motivações e os desejos dos outros;

IV) as oito inteligências são independentes, têm o mesmo grau de importância e são atributos de todos os sujeitos, entretanto, os tipos podem se manifestar de forma mais acentuada em uns do que em outros.

Assinale a alternativa correta:

a) As afirmativas I, II e III estão corretas.
b) As afirmativas I e II estão corretas.
c) As afirmativas II e IV estão corretas.
d) As afirmativas I, III e IV estão corretas.
e) Todas as afirmativas estão incorretas.

4. De acordo com a teoria triárquica da inteligência, o processamento de informações se divide em três subcategorias, as quais são interligadas entre si. Quais são essas categorias?
   a) Experimental, social e contextual.
   b) Componencial, experiencial e contextual.
   c) Componencial, experimental e habitual.
   d) Social, contextual e experiencial.
   e) Escolar, experimental e contextual.

5. Leia com atenção as afirmativas referentes ao MDST e marque V para as verdadeiras e F para as falsas.
   ( ) Reconhece que variáveis pessoais e ambientes interferem no desenvolvimento de talentos.
   ( ) Admite a existência de capacidades e desempenhos excelentes em uma ampla área de domínios.

( ) Foi idealizada por Howard Gardner.
( ) Conceitualmente, considera os termos *talento* e *superdotação* sinônimos.
( ) A superdotação é algo inato no sujeito e relaciona-se ao uso de habilidades naturais.

Assinale a sequência correta:

a) V, V, V, V, V.
b) V, V, F, F, V.
c) F, V, V, V, F.
d) V, V, F, V, V.
e) F, V, F, V, F.

Atividades de aprendizagem

Questões para reflexão

1. Os estudos de Howard Gardner evidenciam que há, ao menos, oito tipos de inteligências. Exemplifique cada uma delas com uma personalidade conhecida por se destacar em sua inteligência específica.

2. Qual seria o resultado da intersecção dos três anéis de Renzulli? De que maneira isso poderia ser identificado?

Atividade aplicada: prática

1. Selecione um artigo na internet e um livro da biblioteca virtual que aborde a teoria histórico-cultural de Vygotsky e elabore um fichamento a respeito do assunto. Lembre-se de anotar a referência das obras.

4
O desenvolvimento do aluno com altas habilidades/ superdotação: o papel da família e da escola

Discutir a temática altas habilidades/superdotação (AH/SD) é um desafio, considerando que há poucas pesquisas na área, o que evidencia a situação de negligência em que se encontram muitos alunos no que diz respeito ao atendimento especializado, mesmo nos dias de hoje.

Embora os superdotados façam parte da educação especial, pouco tem sido feito por eles; dessa forma, esses alunos não desenvolverão suas potencialidades se forem deixados por conta própria (Gama, 2014). Neste capítulo, vamos discutir o papel da família e da escola no desenvolvimento das potencialidades da criança com AH/SD, reconhecendo que as ações desses agentes têm papel primordial na vida dos indivíduos com AH/SD.

Nesse contexto, é possível afirmar que o papel da família é de grande relevância, considerando que ela é a esfera na qual acontece a primeira identificação das características de crianças com AH/SD. Antes mesmo de chegar à escola, a criança já desenvolveu parte de suas potencialidades e já apresenta desenvolvimento acima da média para sua idade.

No que diz respeito à escolarização, concordamos com Alencar e Fleith (2001), os quais alegam que a invisibilidade desses indivíduos deve-se à dificuldade do reconhecimento de suas características pela escola. Nesse sentido, a identificação dos traços que apresentam, bem como as alternativas educacionais, configuram questões que vamos discutir neste capítulo.

4.1
Escola e família frente às altas habilidades/superdotação

Conforme indicado no Capítulo 3, a teoria dos três anéis de Renzulli (2004) traz como conceito de AH/SD a interação entre três agrupamentos básicos: 1) habilidades gerais ou específicas acima da média, 2) níveis elevados de comprometimento nas tarefas e 3) criatividade. Dessa forma, os indivíduos superdotados são capazes de desenvolver os três traços e aplicá-los a qualquer área do desenvolvimento humano.

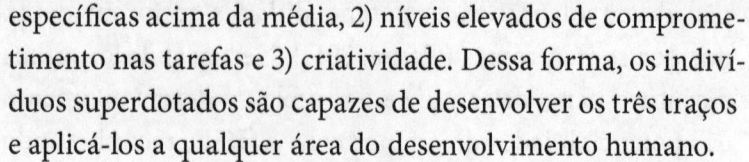

De acordo com Merlon (2008), os três anéis estão inseridos no ambiente em que o indivíduo vive, ou seja, o ambiente familiar, escolar e social. A personalidade do próprio indivíduo também é fator relevante no desenvolvimento das potencialidades. O lar, o ciclo familiar é, portanto, o primeiro espaço em que a criança será estimulada e acolhida e construirá suas primeiras referências. E é geralmente nesse ambiente também que as AH/SD são percebidas na criança.

> Nada é mais importante, ou tem maior influência na educação de qualquer criança, do que a família onde ela nasce e vive os primeiros anos de vida. [...] o conjunto de adultos que vivem e convivem com a criança no dia a dia, respondendo as suas necessidades de manutenção e crescimento, sendo eles mesmos exemplos e modelos para imitação e inspiração, e provendo à criança os primeiros dados e informações necessárias para compreensão do mundo. (Freeman; Guenther, 2000, p. 153)

A influência da família vai muito além do reconhecimento e da estimulação do aluno com AH/SD, cabe a ela também conhecer a legislação que protege a escolarização dessa criança, pois, embora não tenha dificuldade de acesso à escola, sua permanência estará comprometida se não forem oferecidos os desafios e o atendimento especializado dos quais ela precisa.

Há que se considerar, contudo, que um número significativo de crianças que possuem AH/SD passam despercebidas em seus meios antes da entrada na escola. Isso porque suas famílias não contam com as informações necessárias para o reconhecimento dessa condição da criança e, ainda que a percebam, não sabem onde procurar ajuda e não possuem recursos financeiros para oferecer os estímulos que os estudantes precisam (Fleith; Alencar, 2006).

Por esse motivo, o papel da escola é muito importante, tendo em vista que ela não somente atua na identificação das características da criança, mas também na orientação da família quanto às ações que podem ser desenvolvidas no contexto em que estão inseridas. À escola, cabe acolher a todos que dela precisam, proporcionando uma educação formal que contemple as diferenças e respeite o ritmo de aprendizagem de cada um. E alunos com AH/SD também têm necessidades educacionais que precisam ser atendidas.

Freeman e Guenther (2000) salientam que o papel do professor é essencial nesse processo. Embora várias pessoas devam estar envolvidas no desenvolvimento desse indivíduo, o professor tem o papel principal no processo de escolarização, considerando que ele é o mediador do método educacional e acompanha o progresso de seus alunos por um grande período de tempo. O primeiro passo que deve ser dado pela escola e, mais precisamente, pelo professor é a observação do aluno, para identificar se existem características inerentes aos indivíduos com AH/SD, quer sejam de forma isolada, quer sejam combinadas.

De acordo com a Lei de Diretrizes e Bases da Educação Nacional (LDBEN) – Lei n. 9.394, de 20 de dezembro de

1996 –, no atendimento ao aluno com AH/SD, devem ser assegurados:

I. currículos, métodos, técnicas, recursos educativos e organização específicos, para atender às suas necessidades;
II. terminalidade específica para aqueles que não puderem atingir o nível exigido para a conclusão do ensino fundamental, em virtude de suas deficiências, e aceleração para concluir em menor tempo o programa escolar para os superdotados;
III. professores com especialização adequada em nível médio ou superior, para atendimento especializado, bem como professores do ensino regular capacitados para a integração desses educandos nas classes comuns. (Brasil, 1996, art. 59)

A Lei n. 13.234, de 29 de dezembro de 2015, incluiu ainda, na LDBEN, o cadastramento de alunos com AH/SD, matriculados na educação básica e superior, com a intencionalidade de fomentar políticas públicas que visem ao desenvolvimento das potencialidades desses alunos (Brasil, 2015a, art. 59-A). Alternativas para esses alunos são os programas de enriquecimento curricular. Tais programas oferecem diferentes estímulos ao aluno, com vistas ao desenvolvimento de suas potencialidades, trabalhando com metodologias diversificadas na própria sala de aula. É possível também a criação de pequenos grupos fora desses espaços, em articulação com a sala de recursos multifuncionais.

De acordo com Pletsch e Fontes (2009), o programa de enriquecimento pode incluir visitas a museus e outros espaços culturais, bem como a participação em oficinas que envolvam diversas áreas de conhecimento.

O professor também deve estar atento ao planejamento das aulas, que devem ser dinâmicas e estimular a criatividade e o espírito investigativo, pois aulas monótonas, com atividades mecânicas, desestimulam o aluno com AH/SD e acabam por desencadear comportamentos indisciplinados, atrapalhando a turma (Pletsch; Fontes, 2009).

Há que se ressaltar, porém, que a motivação em excesso também pode desencadear comportamentos inapropriados, como: dificuldade em aceitar regras, teimosia e discordância frequente com as demais pessoas, incluindo o professor. Por isso, as atividades instituídas não devem sugerir a competição ou a busca da perfeição, pois tais atividades podem provocar isolamento social e distúrbios emocionais (Alencar, 2003b).

Cabe ao professor ter um cuidado especial na representação social que existe a respeito dos alunos com AH/SD. Quem não tem um conhecimento aprofundado a respeito das características desses alunos tende a acreditar que eles são excelentes em todas as áreas de conhecimento e que não precisam de ajuda do professor, podendo se escolarizar de forma autônoma. No entanto, como outros alunos, eles precisam ser direcionados para que possam ter suas necessidades atendidas.

Sendo assim, o professor precisa romper com as amarras de um currículo engessado, buscando novas formas de ensino e adaptações curriculares que atendam às expectativas e às necessidades dos alunos com AH/SD, para que eles permaneçam na escola e suas potencialidades sejam desenvolvidas.

> **Preste atenção!**
>
> "O superdotado é uma criança como qualquer outra, mas há algo que o distingue: o talento. Todo talento deve ser estimulado, regado como se fosse uma planta. Entretanto, existe uma teoria antiquada, segundo a qual a criança superdotada encontra um caminho para desenvolver seus potenciais sob quaisquer circunstâncias". (Landau, 2002, p. 27).

4.2 As expectativas frente às altas habilidades/superdotação: os mitos e os preconceitos

Muitas crianças com inteligência acima da média se desenvolvem em ambientes nos quais os adultos desconhecem o alcance do potencial intelectual delas. O resultado é identificação equivocada, como se essas crianças tivessem problemas de conduta ou fossem indisciplinadas. Na verdade, o comportamento inadequado ocorre em razão de frustrações com o cotidiano escolar e com a falta de atividades estimulantes e desafiadoras.

Sem dúvida, a educação de alunos com AH/SD é um grande desafio, principalmente porque não é possível seguir padrões preestabelecidos para a maioria dos alunos. Um dos desafios da educação dos superdotados é a expectativa que se cria, muitas vezes equivocada, a respeito do potencial desses indivíduos. É importante reconhecer que, ao identificar um aluno com AH/SD, teremos diante de nós uma pessoa singular e complexa, que desenvolverá suas habilidades de maneira muito particular.

Dentre os equívocos, podemos citar a correlação, comumente feita, entre o aluno com AH/SD e um gênio, um inventor, que tem desempenho extraordinário. Embora isso possa ser verdade em algum momento da vida desse aluno, ele pode ter desempenho inferior em determinada área de conhecimento e, inclusive, fracassar em sua escolaridade, devido à forma inadequada que muitas vezes é tratado.

Há décadas atrás, um indivíduo era identificado como superdotado se respondesse positivamente a testes de QI, porém, esse método sofreu severas críticas, especialmente por privilegiar habilidades relacionadas à Língua Portuguesa e à Matemática, deixando de lado as demais áreas do conhecimento. Gardner (1997) rompe com o absolutismo desses tipos de testes ao elaborar a teoria das inteligências múltiplas, segundo a qual existem sete tipos de inteligências, que podem interagir entre si, mas são distintas. Mais tarde, Gardner (1997) aprimorou sua teoria, acrescentando as inteligências natural (capacidade para reconhecer elementos da natureza) e existencial (capacidade de reflexão sobre a existência humana).

Outros atributos que hoje são levados em conta na identificação das AH/SD são a criatividade e a liderança. Conforme indicam Alencar e Fleith (2001), essa incorporação tirou o foco do indivíduo e o quadro passou a ser visto como uma relação do indivíduo com seu meio. Dessa forma, a identificação deve envolver uma avaliação que atenda às diversas dimensões e fontes de informações. Porém, deve-se estar alerta para o fato de que, na identificação das AH/SD, não existem regras fixas nem dados absolutos, tão somente o apontamento de possibilidades, já que o ser humano é complexo e existem muitas variáveis (Cupertino, 2008).

Apesar de tantos progressos feitos na área de AH/SD por meio de estudos e pesquisas, há um entrave importante no desenvolvimento desses indivíduos: os mitos e os preconceitos criados em torno deles. Um dos mitos recorrentes, sobre o qual já tratamos no Capítulo 1, é o do aluno com AH/SD com bom rendimento escolar; não obstante, o que se observa é que tais alunos, muito frequentemente, apresentam rendimento inferior às suas potencialidades (Alencar; Fleith, 2001). Alencar e Fleith (2001) apresentam outro mito: os alunos superdotados podem desenvolver suas habilidades por si só; todavia, "o acesso limitado a experiências educacionais significativas podem mascarar as potencialidades de um aluno superdotado" (Alencar; Fleith, 2001, p. 66), a não ser que ele seja devidamente estimulado e tenha acesso a experiências educacionais significativas.

Dessa forma, a condição de AH/SD de um indivíduo só faz diferença em seu desenvolvimento se o meio no qual ele está inserido reconhece seu potencial, bem como sua necessidade de estimulação por meio de atividades diversificadas. É necessária, então, uma mudança de paradigma, na qual não cabem conceitos previamente elaborados ou negligências, pois resultarão em fracasso e frustração.

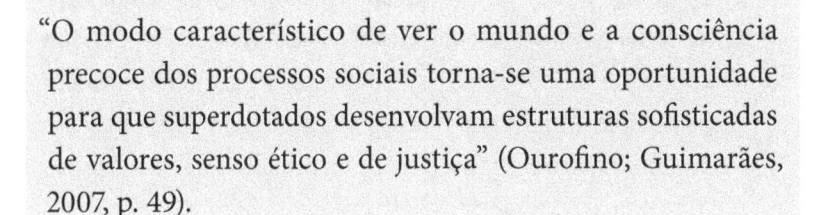

> **Curiosidade**
>
> "O modo característico de ver o mundo e a consciência precoce dos processos sociais torna-se uma oportunidade para que superdotados desenvolvam estruturas sofisticadas de valores, senso ético e de justiça" (Ourofino; Guimarães, 2007, p. 49).

4.3
O papel da família no incentivo aos talentos

O desenvolvimento humano é um fenômeno complexo e multideterminado que está marcado por fatores específicos que envolvem o contexto social, como família, escola, igreja, comunidade, entre outros. No que tange à família, é importante destacar que diferentes conceitos podem descrevê-la, pois a instituição familiar é um sistema complexo – constituído por subsistemas integrados, porém independentes – que influencia e é influenciada pelo contexto social e cultural que a envolve.

Desse modo, é possível compreender família como pessoas que possuem parentesco entre si e habitam o mesmo lugar, formando um lar. Contudo, esse conceito de família tem mudado ao longo da história e a família contemporânea,

> de modo geral, mas nem sempre, constitui-se em torno do homem, mulher e filho (os), sendo os pais não necessariamente os genitores, é uma família modificada em grande número, de funções sociais e valores morais, uma família em que os filhos, (nem sempre legítimos), desde cedo, passam a frequentar creches, escolas ou instituições especializadas (como no caso de filhos deficientes), uma família em que não apenas o homem é provedor de sustento, uma família em que se percebe a existência de um sentimento intergrupal, mas que não impede relações e sentimentos extra grupo familiar. Uma família mediada pela sociedade em todas as suas estruturas. Essa família muito marcada, por alguns traços da família monogâmica no seu início, mas bastante modificada, já pelos meios de produção e reprodução, pela ciência, pela tecnologia e pelos valores atuais de relacionamento, é a família de hoje com a qual trabalhamos. (Chacon, 2007, p. 237)

Dessa forma, o seio familiar é o primeiro lugar no qual a criança aprende a se comunicar, a interagir, a viver conflitos e aprender com eles; é também o primeiro lugar em que ela buscará referências e valores, além de também ser o primeiro lugar em que os primeiros sinais de AH/SD são observados.

A família é apontada em estudos de diversos autores que a enfatizam como importante no papel primário de identificação, motivação, construção da identidade e desenvolvimento da autoestima de indivíduos com AH/SD (Alencar, 2007a; Germani, 2006; Fleith, 2007c).

Sakaguti (2017), afirma que a falta de conhecimento e de habilidades de comunicação prejudicam a relação entre família e escola, bem como a relação com a criança superdotada, na medida em que a família não consegue dar apoio à criança ou defendê-la nos eventuais desafios enfrentados na escola. Nas palavras da autora:

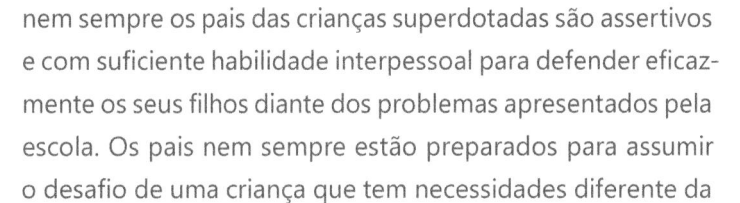

> nem sempre os pais das crianças superdotadas são assertivos e com suficiente habilidade interpessoal para defender eficazmente os seus filhos diante dos problemas apresentados pela escola. Os pais nem sempre estão preparados para assumir o desafio de uma criança que tem necessidades diferente da "norma ou média", e por isso, necessitam de informações e orientações a respeito da pluralidade de características de AH/S. (Sakaguti, 2017, p. 102)

É possível afirmar que a família influencia, sobremaneira, na descoberta e no desenvolvimento do talento; mas a criança com AH/SD também influencia sua família e seu meio. Isso ocorre porque, de modo geral, as famílias buscam o desenvolvimento das habilidades dos filhos e, nesse processo, também se modificam. A dinâmica familiar muda com a chegada de um filho, pois os pais transformam-se à medida que ele se desenvolve. Quando a demanda do filho é maior, devido à situação peculiar de superdotado, os pais precisam esforçar-se mais para acompanhar esse ritmo.

Sendo assim, não é possível dissociar o talento da criança da sua relação com a família, ou seja, alguns talentos podem ficar escondidos se a interação entre eles não for suficiente para descobrir o talento e motivar seu desenvolvimento. Há que se reconhecer, porém, que as famílias, de modo geral, têm dificuldades em tratar o que está fora dos padrões estabelecidos na sociedade. Quando os pais sabem que sua criança tem deficiência, vivem um luto, pois as expectativas que criaram a respeito do nascimento da criança não serão satisfeitas.

Esse fenômeno também acontece no sentido inverso: quando os pais percebem a superdotação de seu filho, de igual modo, sentem-se despreparados para lidar com a situação, têm pouca ou nenhuma informação e, assim como a família que tem um filho com deficiência, compreendem que devem ter atenção especial com essa criança, pois

> percebem desde cedo que têm, em casa, uma criança que apresenta um desenvolvimento não só mais rápido do que aquele das outras no seu entorno, mas também entremeado de comportamentos "diferentes": falam ou andam extremamente cedo, aprendem a ler sem ajuda, fazem cálculos mentais em idade ainda pré-escolar, usam palavras difíceis e frases complicadas, fazem perguntas intermináveis, se interessam por assuntos estranhos, enfim, chamam a atenção de todos por serem diferentes do que se determinou chamar "normal". (Gama, 2007, p. 63)

De modo geral, os pais são os primeiros a observar que seu filho é diferente, mas nem sempre isso gera alguma preocupação, pois, inicialmente, eles não veem problemas quando as crianças não apresentam deficiências. Esse quadro muda quando a criança entra na escola, já que é geralmente no ambiente educacional que as adversidades se revelam. As questões mais comuns em crianças com AH/SD são a indisciplina, a desmotivação para estudar etc. (Gama, 2007).

Gama (2007) também indica que muitas vezes o desenvolvimento da criança não ocorre de forma homogênea, mas em descompassos, como aprender a ler precocemente, mas ter a coordenação motora desenvolvida tardiamente; ou ter resultados excelentes no raciocínio lógico-matemático e apresentar dificuldades na ortografia. Desconhecendo as razões das irregularidades apresentadas, a escola exige um comportamento homogêneo, o que gera frustração e desmotivação no aluno.

Embora seja muito importante que os responsáveis da criança com AH/SD a compreendam e a acolham, criando um ambiente familiar tranquilo, também é necessário que a família entenda que ela é uma criança como qualquer outra e precisa interagir com pessoas de sua idade – sem exageros nas expectativas, mas com aceitação e compreensão. Sendo assim, é importante o trabalho de identificação das AH/SD, bem como o encaminhamento a programas oferecidos na comunidade para garantir o desenvolvimento das potencialidades. No entanto, não se pode esquecer a orientação e o apoio à família, a fim de que se crie suportes no desenvolvimento dessas crianças.

De acordo com Virgolim (2007), a importância dos pais no desenvolvimento do sujeito com AH/SD é sentida na estimulação oferecida à leitura e à criatividade em um ambiente acolhedor, que favoreça a autorrealização e o desenvolvimento das potencialidades. Assim, concordamos com Sakaguti e Bolsanello (2012) quando afirmam que a maneira como os pais observam o desenvolvimento de seu filho, reconhecendo características relacionadas à sua condição, terá influência no desenvolvimento das potencialidades da criança.

A intervenção pedagógica, com o oferecimento de estratégias de ensino e atividades desafiantes, também é de grande importância, no sentido de evitar o desinteresse e o abandono escolar. No próximo tópico, vamos explicar melhor como isso acontece.

> **Curiosidade**
>
> Os alunos com AH/SD têm formas diferenciadas de interagir com o mundo. A forma como lidam com sua inteligência e o olhar alheio sobre eles, o qual é influenciado por estereótipos, afeta a interação com a família e a escola (Arantes, 2011).

4.4
O papel da família e da escola na potencialização das altas habilidades/superdotação

Conforme já assinalado anteriormente, o papel da família é essencial no desenvolvimento da criança com AH/SD, pois é a família a primeira a acolher a criança, a perceber traços diferenciados de talentos e de superdotação, a lutar pelos seus direitos e a ajudá-la a constituir-se como um sujeito de direito na sociedade. É a família também que faz os primeiros encaminhamentos na busca da potencialização das AH/SD, em programas e atendimentos diversificados, inclusive na escolha do colégio.

Sakaguti (2017) ressalta a importância das vinculações criadas na dinâmica familiar, no sentido de criar suportes necessários ao desenvolvimento da criança. A autora cita alteridade e resiliência como dois construtos inseparáveis, ou seja, o indivíduo torna-se capaz de interagir e colocar-se no lugar do outro, além de ser resiliente diante das adversidades, fortalecendo-se como indivíduo. De acordo com Paludo, Loos-Sant'ana e Sant'ana-Loos (citados por Sakaguti, 2017), é a partir do outro que o indivíduo regula seu comportamento, validando crenças individuais.

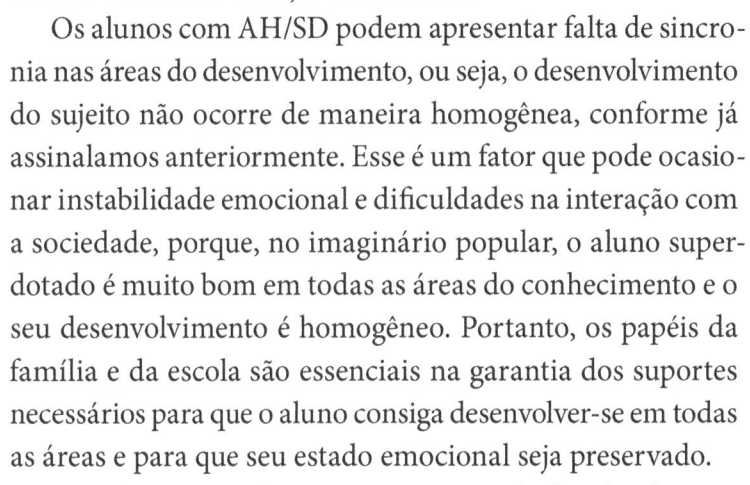

Os alunos com AH/SD podem apresentar falta de sincronia nas áreas do desenvolvimento, ou seja, o desenvolvimento do sujeito não ocorre de maneira homogênea, conforme já assinalamos anteriormente. Esse é um fator que pode ocasionar instabilidade emocional e dificuldades na interação com a sociedade, porque, no imaginário popular, o aluno superdotado é muito bom em todas as áreas do conhecimento e o seu desenvolvimento é homogêneo. Portanto, os papéis da família e da escola são essenciais na garantia dos suportes necessários para que o aluno consiga desenvolver-se em todas as áreas e para que seu estado emocional seja preservado.

Ressaltamos também a importância da família frente a dois sentimentos comuns em crianças superdotadas: por um lado, elas se sentem onipotentes em relação aos seus pares, já que conseguem resolver as questões do cotidiano sem dificuldades; mas, por outro, elas podem se sentir impotente frente às expectativas da família, que espera um alto desempenho em tudo que o superdotado faz. Por isso, é importante que a família também seja acompanhada, para que possa agir com tranquilidade, contribuindo para o desenvolvimento saudável da criança.

É preciso atentar-se para o fato de que nem sempre as características e os comportamentos evidenciados são comuns a todos os indivíduos com AH/SD, pois são particulares de cada um, considerando o meio em que vivem e as relações que estabelecem, ou seja, são o resultado da relação entre a singularidade do indivíduo superdotado e as interações no ambiente em que vive (Sakaguti, 2017).

De acordo com Freitas (2006), muitas vezes os alunos com AH/SD chegam a evadir-se da escola por sentirem que suas necessidades não estão sendo atendidas. Muitos acabam fracassando por se encontrarem desmotivados e confusos em razão da falta de direcionamento da família e da escola, o que contraria o mito existente em torno da ideia de que eles têm uma excelente produtividade na vida.

De acordo com Fleith (2007c), é um engano acreditar que o aluno terá sucesso sozinho e que seu desenvolvimento em todas as áreas já está garantido. Na verdade, esses sujeitos precisam de um ambiente que responda às suas necessidades e do apoio da escola, da família e da sociedade de forma geral para que seu desenvolvimento no contexto social se efetive. Assim, a escola e, de modo especial, os professores do Atendimento Educacional Especializado (AEE) e da classe regular precisam encontrar mecanismos de ação que estimulem o desenvolvimento das potencialidades.

Embora os alunos com AH/SD façam parte do público-alvo da educação especial, tendo assegurado, por meio de políticas públicas, o AEE, a ajuda nem sempre acontece, muitas vezes por falta de reconhecimento de suas necessidades. No entanto, tal suporte é essencial para estimular seus potenciais e aprimorar seu desenvolvimento. Isso posto, o auxílio "deve ser proposto no turno inverso ao que o aluno está matriculado, constituindo-se parte da proposta político-pedagógica da escola, envolvendo a participação da família e articulando-se com as demais políticas públicas" (Vieira; Freitas, 2013, p. 250).

Alencar (2001) alerta sobre o desconhecimento que muitas vezes o professor tem sobre esses alunos, fruto de uma formação deficitária obtida nos cursos de formação de professores que não contemplam em seu currículo disciplinas que tratem das AH/SD; e até mesmo nos cursos de educação especial, nos quais não se trata a questão de forma aprofundada.

É necessário, portanto, que políticas públicas sejam estabelecidas quanto à formação de professores, de modo que os currículos considerem as discussões sobre o público-alvo da educação especial, inclusive os alunos com AH/SD. Também é importante que os programas voltados para alunos com AH/SD sejam intensificados, a fim de garantir uma educação motivadora.

No que diz respeito à escola, o desconhecimento é o principal fator que acaba por expulsar o aluno desse ambiente. É importante que essa barreira seja vencida e que tal espaço esteja preparado para receber os alunos com AH/SD.

É importante ressaltar que os alunos com AH/SD, como todos os indivíduos, diferem entre si, apesar de serem parte de um grupo, uma vez que o conjunto é heterogêneo, sendo difícil estabelecer um padrão. Portanto, cabe destacar a relevância de escola e dos professores em reconhecer a singularidade de cada aluno e trabalhar de acordo com suas especificidades, já que um padrão de ensino não contemplará a todos.

No entanto, vários autores concordam que algumas características são comuns nos indivíduos com AH/SD: precocidade, curiosidade, criatividade, interesse por diversas áreas, rapidez no aprendizado, gosto por desafios, liderança, boa memória, vocabulário avançado, preferência de interação com pessoas mais velhas, empatia por outras pessoas etc. (Renzulli, 2004; Alencar, 2001; Sabatella, 2005). Contudo, embora essas sejam características predominantes em indivíduos com AH/SD, elas podem variar por conta das características individuais e do contexto no qual a pessoa vive.

Conforme destaca Winner (1998), apesar das habilidades acima da média, os alunos com AH/SD não fazem descobertas sozinhos, eles necessitam de apoio e suporte para que suas potencialidades sejam desenvolvidas. Assim, o auxílio das pessoas nos ambientes que eles mais frequentam é extremamente necessário no desenvolvimento do processo.

No ambiente educacional, é possível dizer que esses alunos, muitas vezes, são invisíveis, pois quando não criam problemas com colegas e aprendem com facilidade, os professores preferem se ocupar de alunos que apresentam dificuldades, já que o foco da escola é o que o aluno **não sabe** e o que ele **não apresenta**. Por conseguinte, é difícil trabalhar com a perspectiva de desafiar o aluno, de tornar o ensino motivador e de ter como norte o que o aluno **sabe**, embora esse seja o melhor caminho.

Guenther (2000) assevera que o ensino que desafia é aquele capaz de estimular o pensamento e a reflexão em uma perspectiva dialógica, na qual o aluno tenha permissão de expressar-se livremente, desenvolvendo seu senso crítico.

Assim, compreendemos que a escola tem lutado contra o grande desafio de oferecer oportunidades educacionais a todos, respeitando o ritmo, o estilo, os interesses e as capacidades de cada um. Não obstante, não é uma tarefa fácil. É preciso reconhecer a diversidade e buscar práticas pedagógicas diferenciadas, que objetivem o desenvolvimento das potencialidades e o respeito pela complexidade e pela singularidade do indivíduo. O reconhecimento às diferenças e a garantia à inclusão dos alunos com AH/SD, atendendo-os em suas necessidades, é o ponto de discussão do próximo tópico.

4.5
O papel da escola no processo de inclusão do aluno com altas habilidades/superdotação

A discussão sobre uma escola acolhedora para todos chega ao Brasil por volta de 1980, focalizando com maior intensidade, porém, o aluno com deficiência, já que, historicamente, esse público era esquecido ou segregado. No entanto, em uma perspectiva mundial de educação como direito, alguns marcos foram importantes para fundamentar esse debate. A Declaração Universal dos Direitos Humanos de 1948 já sinalizava que todo ser humano tem direito à educação e esta deve visar ao desenvolvimento humano, fortalecendo o respeito à liberdade fundamental do homem e favorecendo a compreensão, a tolerância e o respeito entre todos (ONU, 1948, art. 26).

O texto da declaração remete a todo cidadão, não especificando camadas da sociedade ou diversidade cultural. A discussão sobre a inclusão de pessoas com deficiência só tomou forma na década de 1970 com o movimento pela integração, cujo princípio está fundamentado na normalização, isto é, tornar o sujeito o mais próximo possível da normalidade, do ponto de vista cultural e social, e inseri-lo no ambiente escolar. Embora essa educação fosse focada no sujeito com deficiência, sem a preocupação da mudança na sociedade, o movimento tem o mérito de trazer à luz a realidade das pessoas com deficiência e proporcionar o convívio social delas.

A educação inclusiva é fundamentada na aceitação da diferença na escola, assegurando a todos o acesso ao conhecimento. De forma diversa à integração, a educação inclusiva tem como foco a mudança na sociedade para atender às necessidades do indivíduo. Parte-se do princípio de que a escola deve atender a todos de forma equânime, não somente aceitando e respeitando as diferenças, mas garantindo que todos tenham acesso, permanência e aprendizagem na escola.

Considerada o principal marco da educação inclusiva, a Conferência Mundial de Necessidades Educativas Especiais: Acesso e Qualidade, produziu a Declaração de Salamanca, documento que objetivava fundamentar políticas públicas coerentes com o movimento da inclusão social (Unesco, 1998a).

O documento tem como premissa fundamental que a escola comum é o espaço adequado para o combate à exclusão e à discriminação, com vistas à quebra de barreiras atitudinais e à efetivação de ações inclusivas. Ao tratar de uma escola para todos, não se negligenciou a importância de respeitar as características individuais dos alunos, de forma a garantir a aprendizagem.

De acordo com a legislação nacional, os alunos com AH/SD têm duas possibilidades de atendimento: 1) a aceleração de estudos ou 2) o currículo, os métodos, as técnicas e os recursos compatíveis para atender suas necessidades, que deverão ser ofertados na sala comum e no AEE.

No que se refere à organização do atendimento educacional aos superdotados na rede regular de ensino, as Diretrizes Nacionais para a Educação Especial na Educação Básica (BRASIL, 2001c, p. 49) afirmam ser necessário:

a. organizar os procedimentos de avaliação pedagógica e psicológica de alunos com características de superdotação;
b. prever a possibilidade de matrícula do aluno em série compatível com seu desempenho escolar, levando em conta igualmente, sua maturidade socioemocional;
c. cumprir a legislação no que se refere: ao atendimento suplementar para aprofundar e/ou enriquecer o currículo; à aceleração/avanço, regulamentados pelos respectivos sistemas de ensino, permitindo inclusive, a conclusão da Educação Básica em menor tempo; ao registro do procedimento adotado em ata da escola e no dossiê do aluno;
d. incluir no histórico escolar, as especificações cabíveis;
e. incluir o atendimento educacional ao superdotado nos projetos pedagógicos e regimentos escolares, inclusive por meio de convênios com instituições de ensino superior e outros segmentos da comunidade.

A Política Nacional de Educação Especial na Perspectiva da Educação Inclusiva volta-se para os benefícios da inclusão e aponta que a educação especial deve ser uma modalidade transversal aos níveis, às etapas e às modalidades de ensino e também reafirma o público-alvo da educação especial: alunos com deficiências, transtornos globais do desenvolvimento e AH/SD. O documento ainda estabelece o AEE, indicando que esse atendimento deve ocorrer em parceria com a classe comum, tendo um caráter suplementar e complementar ao ensino regular, devendo ser ofertado no contraturno escolar (Brasil, 2008).

A perspectiva inclusiva implica mudanças sociais, psicológicas, culturais e também a transformação da escola em um ambiente agregador e inclusivo. Nesse contexto, considera-se o professor um elemento fundamental para que a inclusão aconteça; porém, sua prática estará de acordo com a formação inicial e continuada recebida, que nem sempre é coerente com as mudanças exigidas.

A inclusão procura contemplar a diferença, no entanto, a escola historicamente tem trabalhado na perspectiva da reprodução de padrões e da exclusão social. Para superar esses paradigmas tradicionais e excludentes, são necessárias novas posturas, não só dos professores, mas de todo o sistema educacional, de forma a garantir o acesso de todos os alunos ao conhecimento, em uma perspectiva motivadora e desafiadora. Assim, a inclusão pressupõe atendimento às necessidades de cada aluno, seja ele um aluno com AH/SD, seja um aluno com deficiência.

Assim, o AEE apresenta-se como um importante recurso na garantia da inclusão, tendo como objetivos:

I. prover condições de acesso, participação e aprendizagem no ensino regular e garantir serviços de apoio especializados de acordo com as necessidades individuais dos estudantes;
II. garantir a transversalidade das ações da educação especial no ensino regular;

III. fomentar o desenvolvimento de recursos didáticos e pedagógicos que eliminem as barreiras no processo de ensino e aprendizagem.
IV. assegurar condições para a continuidade de estudos nos demais níveis, etapas e modalidades de ensino. (Brasil, 2011, art. 3º)

O atendimento pressupõe várias atividades diferenciadas e recursos didáticos de acessibilidade, nos quais deve-se fornecer aos alunos com deficiência um apoio complementar à escolarização em classe comum; já aos alunos com AH/SD o apoio deve ser suplementar, considerando as dificuldades de aprendizagem, bem como as potencialidades a serem desenvolvidas nos educandos. É importante ressaltar que, por serem parte do público-alvo da educação especial, os alunos com AH/SD devem receber o AEE nas salas de recursos multifuncionais, desde a educação infantil até o ensino superior, de maneira transversal ao currículo. No entanto, há que se ressaltar que esse suporte só terá sucesso se o ensino comum e a educação especial trabalharem de forma articulada, promovendo estratégias e práticas que beneficiem o aprendizado desses alunos.

Outro fator de extrema relevância na construção de escolas inclusivas é o Projeto Político Pedagógico da Escola (PPP), que deve evidenciar a concepção inclusiva da unidade escolar, prevendo organização do currículo, avaliação e práticas pedagógicas que respeitem e acolham a diversidade. Em relação aos alunos com AH/SD, é necessário prever um ambiente repleto de estímulos e desafios que valorizem a autonomia para que esses alunos possam exercer a criatividade, oferecendo enriquecimento curricular por meio de projetos e práticas diferenciadas.

Cabe lembrar que o processo inclusivo não pode ser reduzido ao acesso ao ensino comum, mas ter a garantia da aprendizagem e do progresso de todos os alunos. Como público-alvo da educação especial, os alunos com AH/SD também precisam de um olhar especial, pois, embora não tenham barreiras para o acesso a escolas de ensino regular, muitas vezes não são desafiados em seu conhecimento, o que pode levar a uma desmotivação no processo de escolarização, implicando em fracasso escolar.

Dessa maneira, o professor e a escola, como um todo, devem inovar suas práticas com atividades que motivem e desafiem os alunos. É importante, então, que o professor seja reflexivo em sua prática para garantir o sucesso de todos alunos no processo de escolarização, com vistas à combater atitudes excludentes e assegurar a permanência e o sucesso de todos no ambiente escolar.

Síntese

Este capítulo discutiu o papel da família e da escola com relação às AH/SD, indicando primordialmente a importância do reconhecimento dessa condição no indivíduo, das suas características e das formas possíveis de trabalho com ele para que desenvolva suas potencialidades e exercite sua criatividade. À família, cabe a responsabilidade de identificar as características, buscando os melhores atendimentos para essas crianças. Já a escola está encarregada de potencializar os talentos, a criatividade, a liderança e as habilidades dos alunos, assegurando sua inclusão e tornando o ambiente escolar acolhedor, motivador e desafiador.

É possível afirmar que, quando a família e a escola trabalham como parceiras, o aluno é atendido em suas especificidades, tem mais chances de desenvolvimento intelectual e pessoal e o processo de escolarização tem mais possibilidades de sucesso.

Atividades de autoavaliação

1. Um número significativo de crianças com AH/SD passa despercebida até a idade escolar. Segundo o que foi estudado neste capítulo, algumas razões para isso acontecer são:
   I) o descaso dos pais com seus filhos;
   II) a falta de informações a respeito das características desses indivíduos, o que impede a identificação;
   III) a situação econômica e social dos pais;
   IV) os pais não saberem onde procurar ajuda e não verem recursos para oferecer estímulos aos filhos.

   Assinale a alternativa correta:

   a) As afirmativas I e II estão corretas.
   b) As afirmativas II e III estão corretas.
   c) As afirmativas II e IV estão corretas.
   d) As afirmativas I, II e IV estão corretas.
   e) As afirmativas II e IV estão incorretas.

2. Uma das razões para o atendimento inadequado dos alunos com AH/SD é concernente aos mitos a respeito deles; entre esses mitos é possível indicar:

I) as características físicas, que são diferenciadas dos demais indivíduos;
II) habilidades desenvolvidas em todas as áreas de conhecimento;
III) resultados excelentes na escola;
IV) rapidez na compreensão de conceitos.

Assinale a alternativa correta:

a) As afirmativas I e IV estão corretas.
b) As afirmativas I, II e III estão corretas.
c) Todas as afirmativas estão corretas.
d) Somente a afirmativa I está correta.
e) Nenhuma das afirmativas está correta.

3. Sabe-se que, muitas das vezes, o aluno com AH/SD, apesar de sua condição intelectual, apresenta problemas na escola. Um desses problemas é a:
a) dificuldade de compreensão dos conteúdos apresentados.
b) indisciplina.
c) timidez excessiva.
d) lentidão na realização de atividades.
e) o aluno com AH/SD não apresenta problemas escolares.

4. A falta de sincronia está presente em muitos alunos com AH/SD. Sobre essa característica, é possível afirmar que há:
I) problemas motores severos;
II) instabilidade emocional, oriunda do sistema nervoso alterado;

III) compreensão equivocada dos fatos;
IV) desenvolvimento ocorrendo de forma não homogênea.

Assinale a alternativa correta:

a) As afirmativas I e II estão corretas.
b) Somente a afirmativa III está correta.
c) As afirmativas III e IV estão corretas.
d) Somente a afirmativa IV está correta.
e) Somente a afirmativa II está correta.

5. Marque V para as afirmativas verdadeiras e F para as falsas.
   ( ) Os indivíduos com AH/SD podem ter resultados excelentes em uma área de conhecimento e dificuldades em outra.
   ( ) Todos os indivíduos com AH/SD apresentam as mesmas características.
   ( ) A família tem papel determinante na identificação e na aceitação do indivíduo com AH/SD.
   ( ) Muitos alunos com AH/SD evadem a escola ou apresentam desempenho ruim.
   ( ) Os alunos com AH/SD fazem parte do público-alvo da educação especial e, portanto, têm direito ao AEE.

Agora, assinale a sequência correta:

a) V, V, V, V, V.
b) V, F, V, V, V.
c) F, V, V, V, F.

d) V, V, F, V, V.
e) F, V, F, F, V.

Atividades de aprendizagem

Questões para reflexão

1. Considerando que as pessoas com AH/SD, quando estimuladas em excesso, podem ter comportamentos inadequados, como teimosia, dificuldades em cumprir regras, entre outros, quais medidas podem ser adotadas de modo a contribuir para que o aluno sinta-se acolhido e tenha sucesso na escola?

2. A respeito do desenvolvimento emocional e cognitivo dos indivíduos com AH/SD, é possível afirmar que um aluno nessa condição também precisa ser estimulado para que possa encontrar um caminho para seu desenvolvimento. Sendo assim, enumere algumas formas de a escola estimular esses indivíduos.

Atividade aplicada: prática

1. As pessoas com AH/SD, diferente do que muitos pensam, podem ter muitas dificuldades acadêmicas ou de interação. Cite e explique duas dificuldades que esses indivíduos podem ter na escola.

5
Procedimentos didáticos para estudantes com altas habilidades/superdotação: classe comum e atendimento especializado

Procedimentos didáticos para estudantes com altas habilidades/superdotação: classe comum e atendimento especializado

Neste capítulo, vamos abordar encaminhamentos didático-pedagógicos referentes a alunos com altas habilidades/superdotação (AH/SD), partindo do pressuposto de que esse trabalho não pode ocorrer de forma isolada na classe comum, mas sim como ação inclusiva de toda a escola. Assim, consideramos que o sucesso na inclusão dos alunos com AH/SD pressupõe uma ação articulada entre classe comum e Atendimento Educacional Especializado (AEE), ofertado nas salas de recursos multifuncionais.

Dessa forma, vamos apresentar os marcos legais referentes aos direitos dos alunos com AH/SD, bem como a regulamentação de ações voltadas para esse público, que, por muito tempo, foi negligenciado e não recebeu estímulos para o desenvolvimento de suas potencialidades. Portanto, a compreensão de como esses encaminhamentos ocorrem e de que práticas são necessárias no atendimento à singularidade desses indivíduos é muito importante.

Vamos tratar também do trabalho específico desenvolvido com esse público pelas salas de recursos multifuncionais no AEE e, de modo especial, da articulação desse serviço de apoio com a classe comum. Por fim, vamos discutir as práticas educacionais voltadas aos alunos com AH/SD e os serviços de suporte voltados a eles, com ênfase ao serviço de enriquecimento curricular como um importante recurso no desenvolvimento das potencialidades.

5.1
O aparato legal no atendimento às altas habilidades/superdotação

O interesse e a admiração pela inteligência acima do normal das pessoas não é algo recente; embora não se soubesse exatamente qual a origem e as razões para algumas pessoas apresentarem habilidades e talentos superiores aos demais.

De acordo com Gama (2006), os primeiros relatos históricos são de antes de Cristo, abrangendo Roma, Grécia e Egito. As crianças com características superiores eram separadas de suas famílias para receber educação diferenciada. Essa educação era voltada para questões bélicas, arquitetura, direito, engenharia e administração. No entanto, o ensino superior era elitizado por gênero, já que somente os homens tinham direito a esse nível de ensino. A autora destaca que os estudos mais significativos sobre inteligência foram baseados na origem das espécies de Darwin. Em 1904, Binet, a pedido do governo francês, criou um instrumento para testar habilidades nas áreas linguística e lógica. O instrumento por ele criado foi a origem dos testes de Quociente de Inteligência (QI). Consequentemente, "assim surgiu o conceito de inteligência como capacidade inata, geral e única, passível de ser testada, que permite aos indivíduos um desempenho maior ou menor, em qualquer área da atuação humana" (Gama, 2006, p. 28).

Tais testes foram bem aceitos no mundo por um tempo significativo, na verdade até metade do século XX, quando a teoria das inteligências múltiplas de Gardner (1983) trouxe à luz aspectos não contemplados nos testes padronizados. Os testes evidenciavam as habilidades em linguagem e lógica, não reconhecendo superioridade nas demais áreas. O autor não só reconhece que existem outras inteligências, como também identifica pessoas com altas habilidades em diversas áreas muitas vezes não reconhecidas pelos testes.

Gama (2006), identifica países que reconheceram os talentos de crianças e encaminharam práticas de acordo com suas culturas. Observe o Quadro 5.1, a seguir.

Quadro 5.1 – Atendimento aos alunos com AH/SD no contexto mundial

País	Início e forma de atendimento	Atendimento na atualidade
China	Na dinastia Tang, as crianças talentosas eram levadas para a corte e suas habilidades e talentos eram incentivados e desenvolvidos.	Consolidou-se como um dos países líderes em programas de atendimento a alunos com AH/SD.
Filipinas	A educação dos superdotados foi iniciada em 1966, com a criação do Programa de Formação de Professores para Superdotados, ofertado pela universidade das Filipinas. É incluída oficialmente na Constituição em 1987.	Existem no país programas voltados para esse público nas escolas regulares e três escolas atendem somente alunos superdotados e talentosos.

(continua)

(Quadro 5.1 – conclusão)

País	Início e forma de atendimento	Atendimento na atualidade
Estados Unidos	Em 1901, surge a primeira escola para superdotados (Worcester), em 1916, classes especiais voltadas a este público (Los Angeles). As classes especiais são criadas sucessivamente em 1922 (Nova York e Ohio).	Há vários programas em funcionamento para alunos com AH/SD, como: enriquecimento e aceleração, salas de recursos nas escolas regulares e programas que trabalham articulados às escolas para alunos com altas habilidades nas diversas áreas de conhecimento.
Coreia do Sul	A educação para os superdotados torna-se prioridade para o governo em 1970. Em 1985, criou-se a Escola Superior de Ciências para Superdotados.	O país concentra o atendimento a este público da seguinte forma: 1. Escolas especiais no ensino médio; 2. Programas de enriquecimento curricular para alunos do ensino fundamental e médio; 3. Competições de matemática e ciências que objetivam estimular a inteligência e a criatividade.

Fonte: Elaborado com base em Gama, 2006.

É possível observar que, embora com conhecimentos rudimentares sobre o que faz uma pessoa ter AH/SD, a condição sempre causou estranheza, curiosidade e admiração. No entanto, os indivíduos com as características citadas, nos países elencados, sempre foram reconhecidos e atendidos, de acordo com a cultura e o contexto em que viviam.

No caso específico dos Estados Unidos, embora tenha ocorrido uma interrupção na ocasião da Segunda Guerra Mundial e com a crise financeira de 1929, na década de 1950, os programas foram retomados contando com o apoio de grandes organizações que almejavam projetar os jovens mais brilhantes do país entre os concorrentes internacionais nas áreas de matemática e ciências (Andrés, 2010).

Atualmente, as legislações referentes ao atendimento a esse público, nos Estados Unidos, diferem de estado para estado, mas todos possuem programas voltados aos alunos superdotados. Além disso, nos Estados Unidos e nos demais países elencados, os programas de atendimentos aos indivíduos com AH/SD começaram muito antes do que no Brasil. É interessante apontar que geralmente as ações têm início na sociedade, gerando ações governamentais; mas no Brasil o movimento é contrário, o que muitas vezes causa resistência da comunidade, dificultando sua implementação.

No tópico a seguir, trataremos especificamente da legislação brasileira no que se refere ao atendimento dos alunos com AH/SD.

Curiosidade

O reconhecimento da pessoa com AH/SD possivelmente começou em Esparta, no século IV a.C. Nesse período, os meninos que apresentavam habilidades militares eram incentivados a desenvolver as artes, a luta e a liderança (Perez, 2004).

5.2 A legislação brasileira direcionada ao atendimento das altas habilidades/superdotação

De acordo com o Censo Escolar de 2016, o Brasil tem 1.699 alunos com AH/SD. Esse número representa 0,04% dos 48 milhões de alunos matriculados (Inep, 2017). Porém, estima-se que muitos não são identificados, sendo muitas vezes rotulados como crianças de comportamento difícil e desajustados à escola.

A consequência imediata da não identificação é a falta de atendimento específico a essa parcela da população. Tal grupo de alunos faz parte da educação especial e inclusiva, que tem como objetivos aceitar, respeitar, acolher e trabalhar com a diversidade na escola, no entanto o que se assiste é a invisibilidade desses sujeitos no contexto escolar.

De acordo com Delou (2007), as primeiras iniciativas de atendimento às pessoas com AH/SD deram-se por meio da psicóloga russa Helena Antipoff[1], em 1929. Antipoff foi convidada pelo governo de Minas Gerais para ministrar aulas de psicologia experimental na Escola de Aperfeiçoamento Pedagógico, em Belo Horizonte. Porém, seu trabalho não se resumiu na docência, já que ela se interessou pelas crianças

. . . . .
1 O convite à Helena Antipoff tinha o objetivo de implantar a Reforma Francisco Campos, que contribuiu significativamente no movimento *Escola Nova*, ocorrido no Brasil, sendo uma de suas ações a criação da Escola de Aperfeiçoamento de Professores.

que perambulavam pelas ruas de Belo Horizonte e que apresentavam dificuldades de aprendizagem, bem como pelas crianças com inteligência acima do normal. Tornou-se, portanto, referência na educação especial brasileira, dando contribuição significativa para a educação dos considerados *excepcionais*, termo utilizado na época para tratar os que apresentavam deficiência e os que tinham inteligência acima da média.

Curiosidade

A educadora Helena Antipoff deu início ao trabalho, na fazenda do Rosário, em Minas Gerais, num programa de atendimento ao aluno bem-dotado do meio rural e da periferia urbana, programa que foi continuado até os dias de hoje, sob coordenação do professor Daniel Antipoff (Alencar, 2007b).

Com a fundação da Sociedade Pestalozzi, em 1938, a educadora identificou oito alunos supernormais, alterando a característica da instituição, que era voltada prioritariamente aos alunos com deficiência, dificuldades ou distúrbio de aprendizagem. Nesse período, predominava a crença de que os alunos com AH/SD eram oriundos, predominantemente, da classe média e alta, crença que Antipoff discordava, uma vez que seu trabalho era voltado aos filhos das classes populares (Delou, 2007).

O Ministério da Educação e Cultura (MEC), no ano de 1967, editou uma portaria criando uma comissão específica para criação de um rol de critérios para identificar e posteriormente atender esse alunado (Novaes, 1979). Foi um marco significativo no que diz respeito ao reconhecimento desse público pelo governo federal, que impulsionaria os posteriores atendimentos dos alunos.

A Lei n. 5.692, de 11 de agosto de 1971, que estabeleceu a reforma do 1º e 2º graus, indica que: "Os alunos que apresentem deficiências físicas ou mentais, os que se encontrem em atraso considerável quanto à idade regular de matrícula e os superdotados deverão receber tratamento especial, de acordo com as normas fixadas pelos competentes Conselhos de Educação" (Brasil, 1971, art. 9º).

Nesse mesmo ano, o Centro Nacional de Educação Especial (Cenesp), lançou o Projeto Prioritário 35[2], que implanta uma política voltada para alunos com AH/SD.

Em 1994, o MEC apresentou a Política Nacional de Educação Especial, na qual é definido pela primeira vez na legislação nacional o aluno com AH/SD: "notável desempenho e elevadas potencialidades em qualquer dos seguintes aspectos isolados ou combinados: capacidade intelectual geral, aptidão acadêmica específica, pensamento criativo ou produtivo, capacidade de liderança, talento especial para artes e capacidade psicomotora" (Brasil, 1994, p. 7).

Há que se ressaltar que tal política foi impregnada do conceito de respeito à diversidade e da garantia de atendimento educacional a todos, independente de raça, deficiência ou gênero, valorizando a cultura como patrimônio individual e coletivo. Tais noções foram defendidas na Conferência Mundial da ONU, realizada em Jontiem, na Tailândia, que

- - - - -
2 Esse projeto estabeleceu a educação de superdotados como área prioritária da educação especial no conjunto de uma política de educação do MEC em relação aos alunos com AH/SD (Novaes, 1979).

teve como resultado a Declaração Mundial de Educação para Todos, que estabelece:

> Cada pessoa – criança, jovem ou adulto, deve estar em condições de aproveitar as oportunidades educativas voltadas para satisfazer suas necessidades básicas de aprendizagem. Essas necessidades compreendem tanto os instrumentos essenciais para a aprendizagem (como a leitura e a escrita, a expressão oral, o cálculo e a solução de problemas), quanto os conteúdos básicos de aprendizagem (como conhecimentos, habilidades, valores e atitudes) necessários para que os seres humanos possam sobreviver, desenvolver plenamente suas potencialidades, viver e trabalhar com dignidade, participar plenamente do desenvolvimento, melhorar a qualidade de vida. Tomar decisões fundamentais e continuar aprendendo. A amplitude das necessidades básicas de aprendizagem e a maneira de satisfazê-las variam segundo cada pais e cada cultura e, inevitavelmente, mudam com o decorrer do tempo. (Unesco, 1998b, art. 1º)

A declaração influenciou as legislações de todos os países, e não foi diferente no Brasil, onde o tema da inclusão de todos e o atendimento pedagógico adequado passou a ser discutido mais amplamente desde então.

A Resolução 02/2001 do Conselho Nacional de Educação (CNE/CEB) instituiu as Diretrizes Nacionais para a Educação Básica no art. 5º, definindo as características do público-alvo da educação especial:

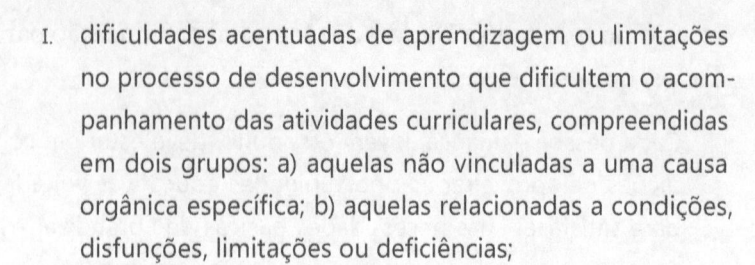

I. dificuldades acentuadas de aprendizagem ou limitações no processo de desenvolvimento que dificultem o acompanhamento das atividades curriculares, compreendidas em dois grupos: a) aquelas não vinculadas a uma causa orgânica específica; b) aquelas relacionadas a condições, disfunções, limitações ou deficiências;
II. dificuldades de comunicação e sinalização diferenciadas dos demais alunos, demandando a utilização de linguagens e códigos aplicáveis;
III. altas habilidades/superdotação, grande facilidade de aprendizagem que os leve a dominar rapidamente conceitos, procedimentos e atitudes. (Brasil, 2001c, p. 2)

Ainda em 2001, o Plano Nacional de Educação indicou a identificação dos alunos com AH/SD como tarefa dos professores, que deveriam estar preparados para observar e acompanhar o comportamento e o desempenho desses indivíduos, conferindo também o contexto em que estavam inseridos. À escola, coube a flexibilização e a atenção à diversidade, objetivando a promoção da inclusão (Brasil, 2001d).

Com finalidade de impulsionar o atendimento dos alunos com AH/SD, o governo federal implantou, em 2005, os Núcleos de Atividades de Altas Habilidades/Superdotação (NAAHS) em todos os estados da federação. O objetivo de tais núcleos era atuar em três eixos: 1) aluno, 2) professor e 3) família. A ação, embora positiva, não alcançou êxito, já que não foi estabelecida como política pública, tornando-se uma ação isolada. Embora o auxílio ainda esteja em funcionamento, ele não atende à demanda existente, deixando muitos alunos sem atendimento.

Nessa perspectiva inclusiva, em 2008, é elaborada a Política Nacional de Educação Especial na Perspectiva da Educação Inclusiva, cujo conceito postula que a educação especial não deve ser segregada, mas sim transversal a todos os níveis de ensino, no qual o atendimento especializado deve ocorrer no contraturno, em salas de recursos multifuncionais (Brasil, 2008).

Essa legislação, embora avance no conceito de escolas inclusivas, dando visibilidade e assegurando o acesso e a permanência no ensino comum, não teve a força de garantir os suportes necessários ao público específico das AH/SD. No entanto, o progresso é encontrado no benefício trazido aos indivíduos envolvidos, pela interação que promove e por trazer a discussão da inclusão para o centro do debate.

O Plano Nacional de Educação, aprovado pela Lei n. 13.005, de 25 de junho de 2014, apresentou novas indicações que contemplaram ações a esse público, descritas na Meta 4:

> Universalizar para a população de quatro (4) a dezessete (17) anos, com deficiência, Transtornos Globais do Desenvolvimento e altas habilidades ou superdotação, o acesso à educação básica e ao atendimento educacional especializado, preferencialmente na rede regular de ensino, com garantia de sistema educacional inclusivo, de salas de recursos multifuncionais, classes, escolas ou serviços especializados, públicos ou conveniados. (Brasil, 2014)

A trajetória da educação especial no Brasil, de modo particular referente aos alunos com AH/SD ajuda-nos a refletir que ainda estamos no processo inicial de incluir e garantir o atendimento a esse público. No entanto, é possível destacar alguns avanços observados, como a importância da escola como centro de aprendizado de todos os alunos de acordo com a singularidade de cada um, a definição desses alunos como público-alvo da educação especial e a ênfase no atendimento educacional especializado nas salas de recursos multifuncionais como suporte de excelência no processo da inclusão. Sobre esse atendimento, trataremos de maneira mais detalhada no próximo tópico.

5.3
O Atendimento Educacional Especializado direcionado às altas habilidades/superdotação

Os alunos com AH/SD fazem parte do público-alvo da educação especial no Brasil, no entanto, nem sempre é reconhecida a condição desses alunos, que, muitas vezes, são negligenciados. Ocorre que, mesmo com habilidades e talentos acima da média, eles apresentam dificuldades no processo de escolarização e nem sempre recebem o atendimento de acordo com suas necessidades. As dificuldades começam a se manifestar em cobranças excessivas de professores e da escola e na alta expectativa dos pais e familiares, o que causa angústia e sofrimento ao aluno, relacionamento difícil com colegas e professores, dificuldade em aceitar autoridade e cumprir regras e, por fim, problemas em aprender conceitos relacionados às áreas que não apresentam habilidade.

Dessa forma, muitas vezes o aluno não é compreendido; não raro, é avaliado de forma errônea, como autista, hiperativo ou possuidor de outros distúrbios. Na verdade, o que poderia ser uma condição que viria a ajudar no processo de escolarização, acaba por tornar-se um impedimento. O processo inclusivo prevê a remoção de barreiras, sejam elas físicas, sejam atitudinais. De acordo com Carvalho (2014), a educação inclusiva prevê a remoção dessas barreiras buscando formas de acessibilidade e assegurando o ingresso e a permanência bem-sucedida na escola. Os alunos com AH/SD não têm barreiras em seu ingresso, mas muitas vezes sua permanência e seu sucesso ficam comprometidos.

A educação especial na perspectiva da educação inclusiva busca assegurar um atendimento não segregado na sala comum, bem como suportes para garantir não somente o acesso mas também a permanência na escola. Um desses suportes que tem sido decisivo no processo inclusivo é o AEE realizado nas salas de recursos multifuncionais.

O Parecer 17/2001 do CNE/CEB aponta como deve se dar o atendimento no AEE em relação aos alunos com AH/SD, no item 4.1, que trata da organização de atendimento:

a. organizar os procedimentos de avaliação pedagógica e psicológica de alunos com características de superdotação;
b. prever a possibilidade de matrícula do aluno em série compatível com seu desempenho escolar, levando em conta, igualmente, sua maturidade socioemocional;
c. cumprir a legislação no que se refere:
   - ao atendimento suplementar para aprofundar e/ou enriquecer o currículo;

- à aceleração/avanço, regulamentados pelos respectivos sistemas de ensino, permitindo, inclusive, a conclusão da Educação Básica em menor tempo;
- ao registro do procedimento adotado em ata da escola e no dossiê do aluno;
d. incluir, no histórico escolar, as especificações cabíveis;
e. incluir o atendimento educacional ao superdotado nos projetos pedagógicos e regimentos escolares, inclusive por meio de convênios com instituições de ensino superior e outros segmentos da comunidade. (Brasil, 2001a, p. 23)

É indicado que esse aluno, público-alvo da educação especial, seja atendido nas classes comuns, nas quais as estratégias de ensino devem ser diversificadas para assegurar o enriquecimento curricular, mas também deve acontecer na sala de recursos multifuncionais, contemplando a área de interesse do aluno.

Vale mencionar o Decreto n. 7.611, de 17 de novembro de 2011, que assegura

> apoio técnico e financeiro aos sistemas públicos de ensino dos Estados, Municípios e Distrito Federal, e a instituições comunitárias, confessionais ou filantrópicas sem fins lucrativos, com a finalidade de ampliar a oferta do atendimento educacional especializado aos estudantes com deficiência, transtornos globais do desenvolvimento e altas habilidades ou superdotação, matriculados na rede pública de ensino regular. (Brasil, 2011, art. 5º)

Tal decreto, regulamenta a distribuição dos recursos do Fundo Nacional de Desenvolvimento da Educação Básica (Fundeb), determinando que "Para efeito da distribuição dos recursos do FUNDEB, será admitida a dupla matrícula dos estudantes da educação regular da rede pública que recebem atendimento educacional especializado" (Brasil, 2011, art. 9º-A).

Sendo assim, o aluno público-alvo da educação especial contará em dobro para efeitos de cálculo de distribuição do Fundeb quando tiver matrícula no AEE no contraturno escolar. A Resolução n. 4, de 2 de outubro de 2009, reafirma este princípio:

> Parágrafo único. O financiamento da matrícula no AEE é condicionado à matrícula no ensino regular da rede pública, conforme registro no Censo Escolar/MEC/INEP do ano anterior, sendo contemplada:
>
> a. matrícula em classe comum e em sala de recursos multifuncionais da mesma escola pública;
> b. matrícula em classe comum e em sala de recursos multifuncionais de outra escola pública;
> c. matrícula em classe comum e em centro de Atendimento Educacional Especializado de instituição de Educação Especial pública;
> d. matrícula em classe comum e em centro de Atendimento Educacional Especializado de instituições de Educação Especial comunitárias, confessionais ou filantrópicas sem fins lucrativos. (Brasil, 2009, art. 8º)

O AEE ocorrido nas salas de recursos multifuncionais ou centros de atendimento especializado tem por objetivo a identificação e a estimulação das potencialidades do aluno com AH/SD. É importante ressaltar que esses atendimentos devem ocorrer no contraturno para que se assegure o direito do aluno de estar no convívio da classe comum, pois se compreende que o AEE é um estímulo ao desenvolvimento das potencialidades do aluno. Essa compreensão tem como premissa o reconhecimento de que, mesmo com habilidades superiores, tais alunos necessitam de atendimento adequado para que desenvolvam suas potencialidades.

Curiosidade

Existe uma enorme distância entre a política educacional proposta pelo governo e a prática realizada nas escolas. Essa distância pode ser explicada por preconceitos sobre os alunos com AH/SD, recursos inadequados e mal utilizados, barreiras atitudinais e falta de compromisso na implantação das políticas educacionais (Alencar; Fleith, 2001).

É importante ressaltar ainda que existem diferentes programas voltados aos alunos com AH/SD, entre eles os de aceleração e os de enriquecimento curricular. Conforme Martins e Pedro (2013), o programa de aceleração consiste em pular etapas da escolarização, cumprindo o currículo previsto em um tempo menor. Nesse programa, o aluno vivencia experiências educacionais com alunos mais velhos e, por essa razão, é importante o acompanhamento psicológico para avaliar se a maturidade do aluno é compatível com as novas interações. É também importante verificar se os aspectos cognitivos se harmonizam com os novos conhecimentos propostos.

O programa prevê agrupamentos que podem ocorrer em centros de atendimento específicos ou até em escolas; este último caracteriza-se como agrupamento flexível.

O modelo é pensado, muitas vezes, como substituto ao ensino regular, o que gera o entendimento de que promove a segregação, e não a inclusão. Por esse motivo, dá margem a críticas de alguns autores, como Pérez (2003), que considera que os ganhos no lado financeiro podem desencadear perdas em termos humanos, uma vez que o indivíduo com AH/SD costuma apresentar falta de sincronia entre o desenvolvimento intelectual e o afetivo.

Assim, ainda que o desenvolvimento cognitivo acompanhe o das crianças mais velhas, é frequente que o aspecto emocional do aluno com AH/SD não seja condizente com o dessas crianças.

Os programas de enriquecimento são considerados importantes recursos para o estímulo de potenciais de alunos com AH/SD e se dividem em intracurriculares e extracurriculares. Os extracurriculares podem ocorrer em forma de projetos voltados às áreas de interesse dos alunos, já que podem ser realizados em centros de atendimento especializados, sala de recursos multifuncionais, ou estar vinculados a projetos de extensão das universidades (Martins; Pedro, 2013).

Os programas intracurriculares ocorrem na escola comum, por meio de adaptações ou flexibilizações curriculares e podem contar com o professor regente da turma, com o professor especializado ou, ainda, com uma articulação entre ambos.

Urge ressaltar que as pessoas com AH/SD não são iguais, mas guardam singularidades a serem consideradas e respeitadas pelas escolas ao escolherem o programa mais adequado às suas necessidades. Além disso, os alunos com AH/SD precisam do AEE, indicando uma atenção específica a esses indivíduos. Nesse processo, é necessário o envolvimento da família, dos professores da classe comum, do professor da sala de recursos multifuncionais e da escola. O trabalho articulado possivelmente resultará não só num rendimento escolar satisfatório, mas também num desenvolvimento afetivo adequado. Várias práticas de excelência têm sido realizadas nas escolas no atendimento aos alunos com AH/SD, e é sobre elas que trataremos no próximo tópico.

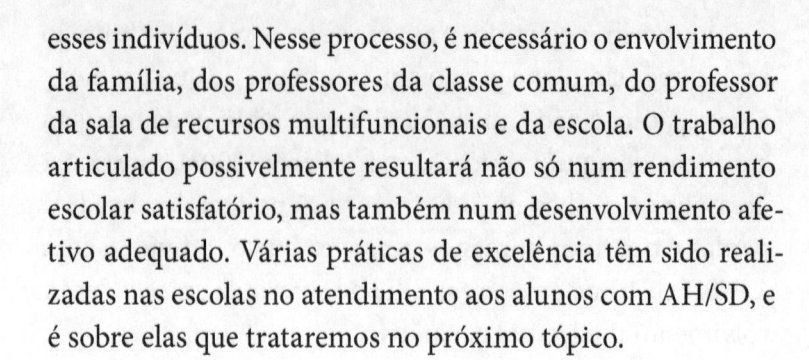

5.4
As práticas educacionais direcionadas às altas habilidades/superdotação

Conforme vimos anteriormente, existem algumas formas de atendimento aos alunos com AH/SD, porém, é preciso considerar a importância do atendimento nas salas comuns pelo professor regente, pois a perspectiva inclusiva prevê a não segregação, mas adaptações e flexibilizações possam ser feitas no currículo para garantir que todos se beneficiem dele.

No entanto, o currículo tem sido alvo de questionamentos, pois não apresenta inovações, somente reproduz as mazelas da sociedade, o que não estimula os alunos e ainda impõe um conhecimento e espera em troca a passividade deles. Essa imposição do currículo não contempla a reflexão, não permite escolhas nem o desenvolvimento da autonomia do educando e, dessa forma, acaba por reproduzir a estrutura desigual da sociedade.

Mas afinal, o que é imprescindível aprender na escola? Qual a função social da escola na produção do conhecimento? É importante considerar que os conteúdos ensinados devem despertar o interesse dos alunos, mas também instrumentalizá-los para atender às demandas da sociedade.

Moreira (2002) afirma que o currículo instituído pela minoria dominante tem a intencionalidade de perpetuar o *status quo*, a estrutura da sociedade capitalista. Tal estrutura inibe o potencial criador dos alunos e o desenvolvimento da autonomia. Nesse sentido, as práticas estabelecidas na escola precisam ancorar-se no princípio emancipatório, segundo o qual os alunos podem ter liberdade de pensamento e possibilidade de opinar sobre o que aprenderão. As práticas devem levar em conta as peculiaridades dos alunos atendidos, inclusive dos alunos com AH/SD, que, muitas vezes, são analisados de forma equivocada, na qual não se identifica a necessidade de atenção a esse público.

Assim, práticas pedagógicas têm importância fundamental no desenvolvimento das potencialidades de todos os alunos, estimulando e desafiando os alunos com AH/SD. Dessa forma, os programas voltados para esse público devem ser utilizados, garantindo o aprendizado de todos.

É interessante destacar que a escolha dos programas utilizados deve ser oriunda da própria escola, ou seja, é de acordo com a realidade que cada contexto de planejamento das práticas e dos programas voltados aos alunos com AH/SD possui. Esse é um processo autônomo da escola, uma tomada de decisão sobre o que ensinar e como ensinar.

Um dos programas utilizados nas escolas é o enriquecimento curricular, no qual as atividades enriquecedoras podem ocorrer nas salas de AEE, nos centros de atendimento e nas classes comuns, na qual o professor trabalhará com atividades individualizadas ou em grupo, dando autonomia para um estudo independente, oportunizando minicursos e o desenvolvimento de atividades a partir do interesse do aluno.

Renzulli (2004) propõe um programa de enriquecimento curricular, o modelo triádico, que estabelece três propostas. No enriquecimento do tipo I, os alunos são expostos a uma ampla variedade de disciplinas, temas, locais, eventos e pessoas, que não estão incluídos no currículo regular. Nesse modelo, é proposto que uma equipe de enriquecimento, no qual estão incluídos os pais, os professores e os alunos, organize e planeje atividades do tipo I. Quanto ao enriquecimento do tipo II, sua elaboração visa ao estímulo de novos interesses dos alunos já motivados pelas experiências do tipo I. Tais modelos diferenciam-se, pois o enriquecimento do tipo I pode ser oferecido tanto aos grupos de alunos em geral quanto aos que já expressaram interesse por determinado tema; o enriquecimento do tipo II inclui elementos materiais e metodológicos que objetivam promover o desenvolvimento de processos de pensamento e sentimentos. Dessa forma, o enriquecimento do tipo II, inclui:

> o desenvolvimento de (a) pensamento criativo e solução de problemas e processos afetivos; (b) uma ampla variedade de habilidades de aprendizagem específicas do tipo como aprender; (c) habilidades no uso apropriado de pesquisa de

nível avançado e materiais de referência e (d) habilidades de comunicação escrita, oral e visual. (Renzulli, 2014, p. 546)

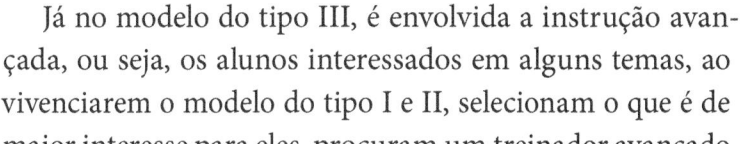

Já no modelo do tipo III, é envolvida a instrução avançada, ou seja, os alunos interessados em alguns temas, ao vivenciarem o modelo do tipo I e II, selecionam o que é de maior interesse para eles, procuram um treinador avançado na temática, planejando, organizando e executando seus próprios experimentos. Sendo assim, um treinador mais avançado é oferecido aos alunos cujos interesses continuam crescendo (Renzulli, 2014).

De acordo com Sabatella (2005), os programas ofertados devem valorizar e respeitar as necessidades dos educandos de acordo com as características específicas de cada um. A autora elenca alguns aspectos importantes a serem considerados na educação dos indivíduos com AH/SD:

- Beneficia-se tanto das modalidades do ensino formal quanto do não formal;
- Atinge seu maior aproveitamento em um ambiente estimulador, o qual favorece o desenvolvimento e a expansão de suas habilidades, tanto quanto a ampliação de seu interesse;
- Tem necessidade de convivência criativa, atividades científicas, tecnológicas, artísticas, de lazer e desporto que congreguem grupos similares, devendo ser estimulado e motivado por programas adjuntos de enriquecimento, como projetos de pesquisa, visitas, viagens, colônia de férias, participação em programas comunitários;

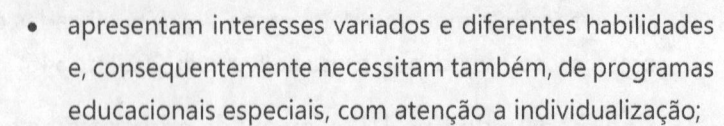

- apresentam interesses variados e diferentes habilidades e, consequentemente necessitam também, de programas educacionais especiais, com atenção a individualização;
- precisam encontrar desafios que girem em torno de ideias importantes e úteis, enriquecendo seu conhecimento e proporcionando oportunidades para alargar seus horizontes pessoais, projetar objetivos maiores e desenvolver o senso de responsabilidade e independência intelectual;
- não devem ser afastados do mundo em que vivem e que sempre fará parte de seu cotidiano, desenvolvendo condições de saber lidar com as diferenças entre seu potencial e o dos outros indivíduos;
- necessitam encontrar metodologia adequada a sua rapidez de raciocínio e grande capacidade de abstração, em um processo dinâmico de aprendizagem. (Sabatella, 2005, p. 116-117)

Nessa perspectiva, Fleith (1999) assevera a importância da preparação do professor na implementação de programas aos alunos com AH/SD, pois é necessário que suas ações sejam realizadas com segurança, tanto na identificação quanto no estabelecimento de planejamento adequado e nas estratégias de ensino. Essa preparação envolve formação continuada e uma prática pedagógica reflexiva para que a realidade de cada turma possa ser problematizada, e o professor, em parceria com a escola, possa escolher com autonomia o caminho mais adequado, conforme indicado:

Art. 8° [...]
[...]
IV. condições para reflexão e elaboração teórica da escola inclusiva, com protagonismo dos professores, articulando experiência e conhecimento com as necessidades/possibilidades surgidas na relação pedagógica, inclusive por meio de colaboração com instituições de ensino superior e de pesquisa; (Brasil, 2001b, p. 2)

Nesse processo, o professor não deve se sentir sozinho, mas sim trabalhar de forma articulada com toda a escola. Portanto, as escolas devem organizar o trabalho com alunos com AH/SD nas classes comuns e nas salas de recursos multifuncionais.

Torna-se relevante, então, que o aluno com AH/SD aprenda em seu próprio tempo e ritmo, aproveitando e desenvolvendo suas potencialidades, sem amarras de um currículo que não lhe oferece estímulo, ao mesmo tempo em que convive e interage com colegas de sua faixa etária. Tais ações garantirão a permanência do aluno na escola, seu desenvolvimento e seu consequente sucesso acadêmico.

Curiosidade

Muitas vezes, o professor trabalha com crianças medicadas e rotuladas com diagnóstico de Transtorno de Déficit de Atenção e Hiperatividade (TDAH) ou, ainda, o próprio professor levanta a suspeita, sem avaliar a seriedade que envolve sua atitude. Entretanto, é o fato de aprender com muita rapidez que entedia o aluno, levando-o a comportamentos distintos das expectativas e dos padrões da escola (Sabatella,

> 2005). É necessário, portanto, que o professor esteja atento para conseguir realizar um diagnóstico adequado quanto à aprendizagem do aluno.

5.5
O desenvolvimento de projetos de enriquecimento curricular

As AH/SD são uma característica muito especial do indivíduo e os estudos que objetivam a identificação dessa condição concorrem com a orientação de práticas precoces para que se busque o desenvolvimento pleno das potencialidades do indivíduo. A evolução dos conceitos sobre a inteligência humana indica a necessidade de uma maior compreensão acerca do melhor atendimento educacional aos indivíduos com AH/SD.

Sendo assim, o papel dos programas de atendimentos a esse público é o de suplementar e complementar o ensino regular, possibilitando o desenvolvimento pessoal e oportunizando desafios compatíveis com sua condição e necessidade (Sabatella, 2005). Os educadores precisam estar cientes da responsabilidade que têm junto a esse público, no entanto, é imprescindível a clareza de que o trabalho deve ser realizado de forma articulada entre família, escola e comunidade. Conforme Sabatella (2005, p. 120):

a. A família – que precisa ser instruída para reagir positivamente ao descobrir a potencialidade da criança, apoiando, compreendendo, buscando maiores informações e ajuda técnica necessária;
b. A escola – que precisara ajustar-se às peculiaridades da superdotação e do talento, começando por vencer muitos preconceitos que ainda existem entre educadores. Necessita prover-se de meios de identificação para o reconhecimento do potencial de seus alunos;
c. A comunidade – que pode abrir espaços e oportunidades para favorecer a convivência e o desenvolvimento dos alunos. Quanto mais acolhidos eles se sentirem, mais rapidamente se tornarão lideres, conscientes de suas capacidades e do que deles se espera.

Existem alternativas de atendimento, conforme citado anteriormente, porém, há que se esclarecer que não é possível utilizar somente uma metodologia, já que as escolhas metodológicas devem basear-se na singularidade de cada aluno e na realidade da escola. Qualquer alternativa metodológica que atenda necessidades diversas e seja conduzida de forma adequada beneficia o educando e capacita a escola no trato com a diversidade.

Trataremos, neste tópico, do enriquecimento curricular e, nesse sentido, é preciso compreender que o conceito de *enriquecer* remete à promoção de variadas experiências que estimulam e levam a um melhor desempenho, por meio de desafios coerentes com as características dos alunos. O enriquecimento curricular pode ser realizado:

- Pelo professor da turma, em sala de aula, adotando estratégias e técnicas de ensino variadas;
- Por professor especialista, realizada em núcleo de recursos especiais, com atividades paralelas às desenvolvidas em classe;
- Pela montagem de um currículo totalmente enriquecido como consequência do conteúdo aprofundado, usado, individualmente, para os talentos específicos ou em classe comum, sem quebra da unidade do programa. (Sabatella, 2005, p. 124)

A autora ressalta ainda que esses programas podem tomar formas variadas, como a inclusão de novas unidades de estudo, permitindo que o aluno acelere o currículo; o estímulo à pesquisa, por meio da utilização de mais fontes de informação e do desenvolvimento de projetos específicos para áreas de conhecimento diversas (Sabatella, 2005).

Considerando a realidade das escolas públicas brasileiras, é possível reconhecer a dificuldade do professor da classe comum em realizar um programa de enriquecimento curricular. O que muitas vezes acontece é a utilização de uma maior quantidade de atividades ou o acréscimo no conteúdo programático, sem levar em conta a qualidade do que se oferta.

Em um programa de enriquecimento, é essencial que o aluno tenha liberdade nas escolhas do que deseja estudar, de acordo com sua área de interesse, e que utilize o estilo de estudo que mais gosta e aprenda de forma muito mais independente. Na perspectiva apresentada, o professor é o facilitador e o orientador do estudo e da pesquisa do aluno.

É interessante que o trabalho de enriquecimento curricular seja realizado de forma articulada entre o professor da classe comum e o professor da sala de recursos multifuncionais. Por conseguinte, o professor da sala de recursos multifuncionais contribui no desenvolvimento de atividades de aprofundamento de conteúdos trabalhados em sala, utilizando metodologias e estratégias diversificadas (Pletsch; Fontes, 2009).

De acordo com Fleith (2007c), o modelo de enriquecimento curricular estabelecido por Renzulli, especificado anteriormente, tem como principais características: atividades dinâmicas, que se caracterizam por favorecer o desenvolvimento de áreas do conhecimento não contempladas pelo currículo; favorecimento da autonomia, que pode ser desenvolvida por meio do estímulo à pesquisa e à exploração; tomada de decisões pelos alunos e envolvimento da comunidade, a qual visa à investigação de problemas reais da comunidade, resultando em produtos reais.

A motivação de alunos com atividades enriquecedoras resulta em aprendizagem e avanços nas áreas de conhecimento. Sendo assim, atender o aluno com AH/SD é prioritário; logo, a utilização da metodologia de enriquecimento curricular é uma prática importante e possível de ser realizada na escola comum.

Curiosidade

"Experiências de aprendizagem desafiadoras, autosseletivas e baseadas em problemas reais, além de favorecer o conhecimento avançado em uma área específica, estimular o

> desenvolvimento de habilidades superiores de pensamento e encorajar a aplicação destas em situações criativas e produtivas. [...] Os estudantes se tornam produtores de conhecimento ao invés de meros consumidores da informação existente" (Alencar; Fleith, 2001, p. 135).

Síntese

Neste capítulo, evidenciamos as possibilidades de intervenções didático-pedagógicas para alunos com AH/SD, enfatizando a importância do envolvimento da escola como um todo e, de modo especial, dos professores da classe comum e da sala de recursos multifuncionais em uma ação articulada, que vise ao atendimento às necessidades educacionais desse público.

Compreendemos o trabalho realizado nas salas de recursos multifuncionais como o AEE, que deve ser realizado no contraturno escolar, possibilitando, assim, a inclusão de todos no ensino comum.

Assumimos, ainda, a importância de atividades e programas desafiadores, que estimulem o desenvolvimento das potencialidades, bem como garantam a permanência e o sucesso dos alunos com AH/SD na escola.

Atividades de autoavaliação

1. Pesquisas indicam que alguns países têm reconhecido as AH/SD em crianças, promovendo atividades que contribuem para o desenvolvimento das potencialidades delas.

Nesse sentido, relacione o país ao seu programa de educação para alunos com AH/SD:
1) China
2) Filipinas
3) Estados Unidos
4) Coreia do Sul
( ) A educação dos superdotados foi iniciada em 1966, mas só foi incluída oficialmente na Constituição em 1987.
( ) A educação para os superdotados torna-se prioridade para o governo em 1970. Em 1985, criou-se a Escola Superior de Ciências para superdotados.
( ) É um dos países líderes em programas de atendimento a alunos com AH/SD.
( ) A primeira escola para superdotados surgiu em 1901 e hoje o país conta com vários programas voltados para esses alunos.

A sequência correta é:

a) 1, 3, 4, 2.
b) 4, 1, 2, 3.
c) 2, 4, 1, 3.
d) 3, 2, 4, 1.
e) 3, 4, 2, 1.

2. A Conferência Mundial de Educação para todos, ocorrida em Jontiem, na Tailândia (1990), teve como resultado a Declaração Mundial de Educação para Todos, que tem como alguns de seus ideais:

I) Todos os jovens devem ter oportunidades educativas que satisfaçam suas necessidades;
II) As necessidades de aprendizagem e a forma de satisfazê-las diferem em cada país e cultura;
III) A declaração compreende as habilidades, os valores e as culturas como conteúdos básicos de aprendizagem;
IV) Melhorar a qualidade de vida, trabalhar com dignidade e tomar decisões fundamentais não são questões que devem ser incluídas em políticas educacionais.

Assinale a alternativa correta:

a) As afirmativas I, II e IV estão corretas.
b) As afirmativas II e III estão corretas.
c) Somente a afirmativa IV está correta.
d) Somente a afirmativa III está correta.
e) Somente a afirmativa I está correta.

3. A educação brasileira, no que diz respeito aos alunos com AH/SD, percorreu trajetória diversa ao longo do tempo. A Política Nacional para Educação Especial na Perspectiva da Educação Inclusiva (2008) inova ao trazer como princípio:
   a) garantir o acesso e a permanência, preferencialmente, na escola regular.
   b) indicar que o atendimento educacional não deve ser segregado.
   c) afirmar que as classes especiais são o principal recurso à inclusão.

d) assegurar que todas as pessoas que não apresentam deficiência severa podem ter acesso à escola.
e) assegurar o acesso das crianças com deficiência severa à escola regular, mesmo que somente até o ensino médio.

4. O Parecer 17/2001 do CNE/CEB aponta como deve ocorrer o atendimento no AEE aos alunos com AH/SD. Sobre esse documento, é possível afirmar que objetiva:
   I) avaliar alunos com características de AH/SD;
   II) garantir matrícula na sala comum ou na sala de recursos multifuncionais;
   III) que o aluno beneficie-se do enriquecimento curricular ou da aceleração de estudos;
   IV) incluir o AEE no projeto pedagógico da escola.

   Assinale a alternativa correta:

   a) As afirmativas I e III estão corretas.
   b) Somente a afirmativa I está correta.
   c) As afirmativas III e IV estão corretas.
   d) As afirmativas I, III e IV estão corretas.
   e) Somente a afirmativa III está correta.

5. Marque V para as afirmativas verdadeiras e F para as falsas.
   ( ) Os alunos matriculados no ensino comum e nas salas de recursos multifuncionais contarão em dobro para efeito de recursos destinados à escola.

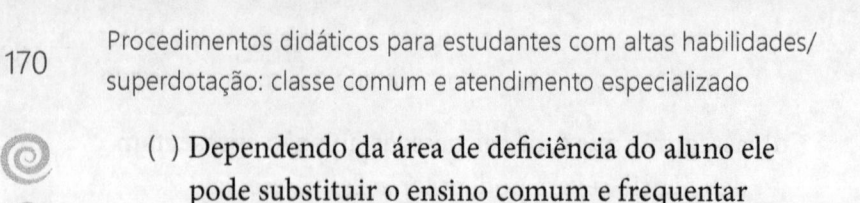

( ) Dependendo da área de deficiência do aluno ele pode substituir o ensino comum e frequentar somente a sala de recursos multifuncionais.
( ) A aceleração de estudos consiste em pular etapas de ensino, terminando a escolarização de forma mais rápida.
( ) O desenvolvimento emocional e o cognitivo sempre estão em equilíbrio.
( ) Os programas de enriquecimento se dividem em intraescolares e extraescolares.

Assinale a sequência correta:

a) V, V, V, V, V.
b) V, F, V, F, V.
c) F, V, V, V, F.
d) V, V, F, V, V.
e) F, F, F, V, F.

Atividades de aprendizagem

Questões para reflexão

1. Pode-se afirmar que o currículo que é instituído por uma minoria dominante, sem levar em consideração a realidade local e a condição dos alunos, tende a ser excludente, pois não considera as especificidades de cada indivíduo. Sendo assim, cite algumas características de um currículo inclusivo.

2. Sobre o programa de enriquecimento curricular, alguns aspectos importantes devem ser considerados na educação dos alunos com AH/SD, cite dois deles.

Atividade aplicada: prática

1. Na sua opinião, que práticas a escola pode criar para atender às necessidades específicas dos alunos? E que ações a família pode realizar dentro de casa?

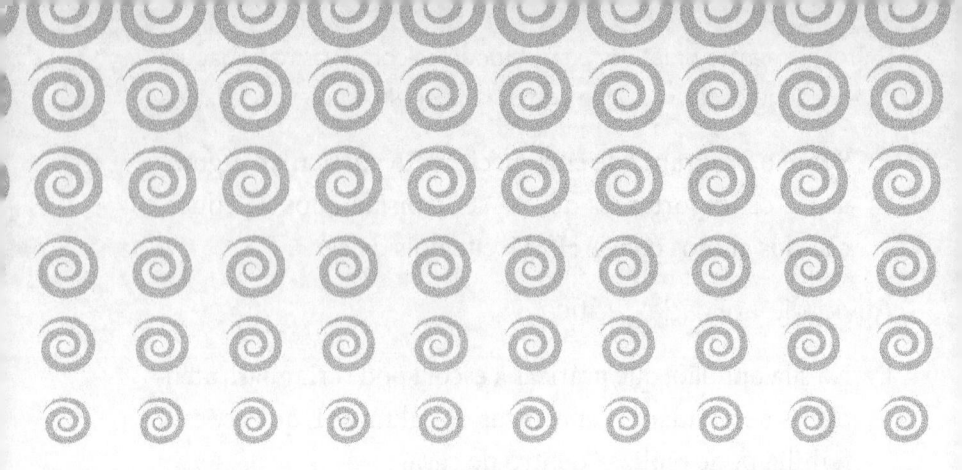

6
Altas habilidades/superdotação: encorajando potencialidades

Neste capítulo, vamos abordar aspectos referentes ao desenvolvimento pessoal e social das pessoas com altas habilidades/superdotação (AH/SD), compreendendo que não se trata de um grupo homogêneo, mas singular. Portanto, não é possível assegurar que todos se desenvolverão da mesma forma. Também vamos tratar do desenvolvimento da criatividade, uma característica presente na maioria dos alunos com AH/SD, mas que, se não estimulada adequadamente, pode tornar esses indivíduos imperceptíveis. Sem dúvida, o desenvolvimento da criatividade tem representado um desafio para pais e educadores.

Assim, há a necessidade de uma ação articulada entre diversos profissionais e, nesse sentido, o papel do psicopedagogo é evidenciado neste capítulo, já que ele é elemento essencial no processo de desenvolvimento do aluno com AH/SD. Vamos discutir ainda os desenvolvimentos cognitivo e emocional do indivíduo com AH/SD, provando que nem sempre eles ocorrem concomitantemente, inclusive apresentando descompasso na maioria dos casos, o que pode acarretar problemas emocionais e comportamentais na criança.

Por fim, vamos discorrer sobre a questão do impacto das características dos alunos com AH/SD no desenvolvimento social do indivíduo, enfatizando a necessidade de apoio familiar, psicológico e escolar para que o equilíbrio do aluno seja preservado.

Assim, este capítulo tem como objetivos o reconhecimento das características do desenvolvimento pessoal e social de alunos com AH/SD, a compreensão da necessidade de articulação entre diversos profissionais envolvidos no trabalho com esses alunos e a importância da identificação dos aspectos cognitivos e emocionais presentes nesses indivíduos, bem como a intervenção adequada.

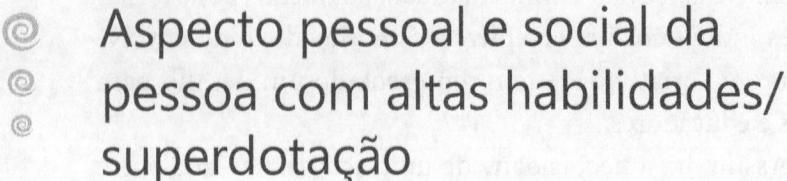

6.1
Aspecto pessoal e social da pessoa com altas habilidades/superdotação

Os alunos com AH/SD não enfrentam barreiras ao ingressarem na escola comum, até porque, em alguns casos, a identificação só acontece na entrada da criança na escola. Muitas vezes, contudo, eles passam despercebidos, sem o atendimento de suas necessidades. Não é incomum que esse aluno se desinteresse pela escola, por falta de motivação oriunda da forma como a escola organiza seu tempo e espaço. No imaginário popular, as crianças superdotadas não têm nenhuma dificuldade e sempre terão sucesso pela inteligência privilegiada e pela rapidez no aprendizado.

No entanto, a falta de atendimento adequado às suas necessidades pode atrapalhar o desenvolvimento dos aspectos cognitivos, psicológicos e sociais, porque tais crianças têm necessidades que precisam ser atendidas assim como qualquer outra de sua idade. Uma das exigências que impactam, de modo especial, é o sentimento de falta de pertença, já que muitas vezes são incompreendidas, pois percebem a diferença que têm em relação ao grupo. A superioridade que apresentam pode causar rejeição dos colegas por sentirem-se inferiores.

De acordo com Lázaro (1981), os adultos falham tanto ao negar a existência da superioridade da inteligência das crianças quanto ao subestimar a capacidade deles. Os pais, muitas vezes, têm dificuldades em compreender os filhos inteligentes acima da média, por causa de comportamentos inadequados e de dificuldades de interação que eles apresentam; por isso, acabam por negligenciar o atendimento correto.

Alencar (2007a) alerta que os programas criados para o atendimento desse público enfatizam os aspectos cognitivos em detrimento do desenvolvimento emocional e social, que devem ser tratados para o ajustamento necessário ao ambiente e para o desenvolvimento da autoestima do aluno. A autora assevera que uma atenção significativamente menor tem sido dada ao desenvolvimento afetivo, aos sentimentos, aos valores e às atitudes. A assincronia produzida pelo descompasso entre o desenvolvimento intelectual e o emocional é fonte de conflito e provoca desajustamento de ordem social e emocional.

Para Landau (2002), é importante a compreensão e o trabalho com esse indivíduo, no sentido de ajudá-lo a enfrentar a irregularidade entre o seu progresso mental e sentimental, caso contrário, ele se sentirá mais solitário e dividido. As dificuldades de interação levam crianças e adolescentes com AH/SD a buscar parceiros entre pessoas mais velhas, com nível intelectual semelhante ou com o mesmo tipo de interesse. De modo especial na adolescência, o sentimento de não pertencimento ao grupo leva o indivíduo a isolar-se, realizando atividades individuais.

Diante de tantos enfrentamentos, não é incomum que alunos com AH/SD neguem suas habilidades e seu potencial para que possam ser menos diferentes diante do grupo e, consequentemente, mais aceitos. Novaes (1979) afirma que uma criança com AH/SD, muitas vezes, é encarada como uma ameaça pelos colegas, já que impõe um padrão de trabalho mais rigoroso na classe, criando uma expectativa maior em relação à turma.

O comportamento dos superdotados pode também afetar seus relacionamentos, pois acaba por atrapalhar a aula em razão de suas experiências avançadas e seu conhecimento superior. A forma como a escola se organiza não estimula a produção intelectual e criativa, mas perpetua a reprodução. Essa sistematização não respeita o estilo e a singularidade de cada aluno.

Diante do exposto, é mister que família e escola ensejem esforços no sentido de reconhecer, apoiar e estimular indivíduos com AH/SD. Para tanto, é necessário que sejam orientados a respeito das características desses indivíduos, no que diz respeito aos aspectos cognitivos, sociais e emocionais. Isso tem acontecido de forma muito limitada, tanto no Brasil quanto no contexto mundial.

Nessa perspectiva, compreender esses indivíduos é uma tarefa conjunta de pais e educadores, para que os educandos com AH/SD se sintam aceitos e parte integrante da sociedade.

6.2
A importância do desenvolvimento da criatividade

O interesse pela investigação da criatividade é recente, considerando que muitos estudiosos a interpretavam como um traço inato, não passível de alteração. A carência de análise dessa característica ocorreu em razão da ideia de que era uma particularidade que não representava problemas e, ao mesmo tempo, acreditava-se que, ao discutir a inteligência, também eram discutidos todos os aspectos do funcionamento mental. Já a inteligência é alvo de muitos estudos tempos antes de sequer se imaginar que a criatividade poderia ser pesquisada. Uma das razões atribuídas a isso, segundo Alencar (1986b), era o entendimento de que a inteligência era atributo de qualquer pessoa – diferentemente da criatividade, que era prerrogativa de alguns poucos privilegiados e considerada até um dom. Assim, a criatividade era tida como um lampejo de inspiração não mensurável; e a inteligência, passível de ser medida.

A partir da década de 1950, o interesse pelas características dos indivíduos criativos começou a aumentar, de modo especial em relação a fatores ambientais e à criatividade, tanto na infância quanto na fase adulta. Os estudiosos da época já reconheciam a necessidade de condições favoráveis ao desenvolvimento da criatividade (Alencar, 1986b).

Wechsler (1988) elenca oito abordagens pelas quais a criatividade teria passado, que podem ser conferidas no Quadro 6.1, a seguir.

Quadro 6.1 – Abordagens conceituais da criatividade

Abordagem	Teórico de referência	Principais pressupostos
1) Filosófica	Platão	A criatividade era considerada um processo de inspiração ou de razão divinas. Para os gregos também foi associada à loucura, o que por vezes ainda é considerada.
2) Biológicas	Darwin	Influenciada pela teoria evolucionista, é considerada uma força inerente à vida, com forte componente hereditário.
3) Psicológica	a) Skinner (associativa)	a) Processo de associação entre estímulos e respostas.
	b) Freud (psicanalítica)	b) Forma inconsciente de solução de problemas.
	c) Rogers (humanista)	c) As pessoas criativas possuem cinco características básicas: 1) tolerância à ambiguidade, 2) ausência de rigidez, 3) confiança nos sentimentos e na intuição, 4) procura de autorealização e 5) busca constante por aprimoramento da personalidade.
	d) Piaget (desenvolvimentista)	d) A criatividade se integra à inteligência no processo de acomodação.
4) Psicoeducacional	a) Guilford (cognitivista)	a) Atribui grande importância aos traços da personalidade que afetam a criatividade.
	b) Torrance (educacional)	b) A criatividade é o processo de perceber lacunas, formando hipóteses a respeito delas e comunicando os resultados.

(continua)

(Quadro 6.2 – conclusão)

Abordagem	Teórico de referência	Principais pressupostos
5) Psicofisiológica		A criatividade está atrelada ao funcionamento dos hemisférios cerebrais. Sabe-se hoje que ambos os hemisférios estão envolvidos na criatividade.
6) Sociológica	Amábile	Motivações intrínsecas e extrínsecas são fatores determinantes da criatividade.
7) Psicodélicas	Khatema	Enfatiza a importância da expansão da consciência, mediante o uso de psicotrópicos, relaxamento, meditação e hipnose.
8) Instrumental	Sternberg e Lubbart	Analisa a criatividade como produto

Fonte: Elaborado com base em Wechsler, 1988.

Atualmente, compreende-se que a criatividade está comumente presente nos indivíduos com AH/SD e, embora se reconheça que eles sejam um grupo heterogêneo, autores como Alencar e Fleith (2001) concordam que algumas características são mais frequentemente encontradas nesse grupo. Essas características podem ser divididas em: de comportamento, de aprendizagem e de pensamento criativo.

Entre as características **comportamentais**, podemos citar: capacidade de desenvolver interesse, rejeição à rotina, originalidade e autenticidade, refutação da autoridade, dificuldade em aceitar regras, senso de humor, escrita descuidada e impaciência com detalhes.

No grupo do segundo aspecto, o da **aprendizagem**, é possível elencar: alto poder de observação, independência, gosto por material de leitura voltado para pessoas mais velhas, grande prazer na atividade intelectual, capacidades de abstração, de conceituação e de síntese, percepção de semelhanças e diferenças e anomalias.

Já no que tange ao **pensamento criativo**, tópico sobre o qual nos debruçaremos neste item, é possível afirmar que os indivíduos criativos têm percepção intuitiva acerca dos fatos, formação de conceitos, curiosidade, senso de humor e apurada sensibilidade estética.

Alencar (1986b) elenca traços especiais em relação à criatividade, como espontaneidade, iniciativa, independência e curiosidade. A autora ressalta que o meio tem importância fundamental no desenvolvimento de tais traços e, quanto mais o contexto do indivíduo reforçá-los e cultivá-los, mais produções criativas ocorrerão. Alguns fatores facilitam, de modo especial tanto o aprimoramento da criatividade quanto a aceitação desses indivíduos na sociedade. De acordo com Stein (citado por Alencar, 1986b, p. 285):

- Uma sociedade favorece a criatividade na medida em que dá chances ao indivíduo de ter experiências em inúmeras áreas. Uma sociedade que limita a liberdade da pessoa para estudar, questionar, ou ter experiências diversas, restringirá as suas oportunidades e consequentemente diminuirá a probabilidade de contribuições criativas.
- Uma sociedade favorece a criatividade na medida em que encoraja uma abertura a experiências internas e externas. Desta forma, uma sociedade onde predomina "não faça isto", "não tente aquilo", restringe a liberdade de questionar e a autonomia necessária à criatividade.

- Uma sociedade encoraja a criatividade na medida em que valoriza a mudança e a originalidade.
- A criatividade é encorajada em uma sociedade onde os indivíduos criativos são reconhecidos socialmente e encorajados em suas pesquisas e indagações.

É possível afirmar, portanto, que existe uma necessidade urgente de um ambiente mais favorável ao desenvolvimento da criatividade; no entanto, a organização da sociedade capitalista e, mais especificamente, da escola ainda privilegiam a perpetuação da repetição e do cumprimento de padrões estabelecidos que não têm como valores a liberdade, a autonomia e a independência. Sentir-se livre é essencial para os indivíduos criativos, assim, eles não admitem a relação de dependência com as demais pessoas, pois precisam sentir-se donos de seus atos.

Há que se ressaltar, porém, que nem sempre essas características são bem aceitas pela sociedade; na verdade, os superdotados vivem um constante enfrentamento com a desconformidade, oriunda da divergência, que se caracteriza pela capacidade de criar respostas novas, dar soluções diferentes (Gama, 2006).

Logo, é necessário o aprendizado de como lidar com pressões sociais, considerando a natureza inovadora e original inerente a esses indivíduos. Embora as características do sujeito criativo sejam benéficas para seu desenvolvimento, favorecendo a aprendizagem e as interações sociais, muitas vezes podem tornar-se um entrave no sentido da aceitação social, ou seja, se o ambiente for intolerante com o diferente, pode causar um isolamento social do aluno criativo e, muitas vezes, levá-lo ao abandono escolar.

Gama (2006) exemplifica que uma criança que demonstra habilidades superiores às de seus colegas de forma precoce, como tocar um instrumento aos sete anos ou falar aos três meses, pode sofrer rejeição da sociedade, que não compreende a diferença e as características peculiares dela.

É importante ter claro que uma criança criativa ainda é uma criança e, portanto, precisa ser respeitada e valorizada em sua condição. Ela necessita de um ambiente acolhedor e incentivador, uma vez que, se não for atendida, pode desinteressar-se e inibir seu potencial criador.

6.3
O papel do psicopedagogo no atendimento do aluno com altas habilidades/superdotação

Com a democratização do ensino, a partir do século XX, os problemas escolares, oriundos das dificuldades de aprendizagem e/ou das AH/SD, foram trazidos para o centro da crítica. Dessa forma, a atuação psicopedagógica configura-se na fundamentação e na estruturação da saúde e da educação. No que se refere à educação, o trabalho do psicopedagogo está voltado ao atendimento das necessidades educativas especiais e, na área da saúde, baseia-se em reconhecer e atuar nas alterações da aprendizagem (Almeida Júnior, 2012).

De acordo com Assis (2007, p. 19) a psicopedagogia é "o campo da reflexão e do fazer pedagógicos, tendo como foco os fatores psicológicos. Tem como objeto de estudo o processo de aprendizagem e utiliza na prática recursos diagnósticos, corretores e preventivos próprios". Assim, o psicopedagogo é o profissional que exercerá ação reflexiva de forma articulada com os educadores, contribuindo para a melhoria do processo de ensino e aprendizagem.

No Brasil, a psicopedagogia surge na década de 1980, contribuindo para o estudo das causas e possíveis intervenções nas questões de aprendizagem. Nesse período, a função estava essencialmente atrelada à saúde, tendo em vista que os problemas de aprendizagem e os desajustes escolares eram atribuídos a fatores orgânicos. Atualmente, a psicopedagogia tem um caráter interdisciplinar, realizando um trabalho articulado com as diversas ciências, objetivando o acesso e a permanência de todos os alunos na escola comum. É possível afirmar que essa intervenção articulada possibilita avanços que não ocorreriam espontaneamente ou de forma isolada.

Na educação especial, o papel do psicopedagogo é muito importante, considerando que ele contribui no processo de aprendizagem, bem como na adaptação de todos ao ambiente da escola. De modo especial no processo inclusivo, a psicopedagogia tem papel fundamental, já que ela não se ocupa somente dos problemas de aprendizagem, mas também da relação dos mesmos com o ambiente social, pois

> apesar de a psicopedagogia ter surgido como uma disciplina complementar da psicologia e da medicina, devido à necessidade do atendimento ao aluno com dificuldade de aprendizagem, atualmente esse ramo preocupa-se não só com o aluno e sua família, mas com tudo que os cerca, influencia

e constrói: a escola como instituição, a comunidade onde estão inseridos, os professores, a equipe técnica administrativa. (Assis, 2007, p. 19-20)

A psicopedagogia vai além dos limites específicos da psicologia ou da pedagogia, na medida em que estuda a aprendizagem humana, fundamentando-se em três premissas: 1) reconhecimento, 2) tratamento e 3) prevenção. Nesse sentido, é necessário que o psicopedagogo esteja fundamentado e capacitado a refletir e a contribuir na construção e reconstrução das práticas pedagógicas. Ao refletir sobre o processo de aprendizagem, é importante que psicopedagogo e professores considerem os seguintes aspectos relacionados ao educando: cognitivo, afetivo, orgânico e social, tendo a compreensão de que a aprendizagem não é apenas responsabilidade da escola, mas sim de uma gama de fatores que interferem no processo de construção do conhecimento (Relvas, 2008).

Assim, o psicopedagogo auxilia de forma significativa no processo de aprendizagem e, no que se refere às AH/SD, pode ajudar no desenvolvimento das potencialidades do educando, na mudança de comportamentos e de atitudes. Frequentemente, o aluno com altas habilidades se destaca na escola por apresentar problemas de interação ou um quadro de desajuste. Por isso, o psicopedagogo é procurado para atendimento e pode contribuir na identificação e nos encaminhamentos psicológicos e pedagógicos.

No atendimento psicopedagógico, o profissional deve pautar-se nos seguintes pressupostos: sistematizar atividades que visem desenvolver o potencial dos alunos; contribuir na flexibilização do currículo, privilegiando os diversos estilos e ritmos de aprendizagem; estimular o bom desempenho acadêmico, por meio do enriquecimento curricular; estimular a liderança e o pensamento criativo; valorizar princípios éticos, promovendo o respeito à diversidade, e os princípios democráticos; trabalhar de forma articulada com a equipe escolar, respeitando o espaço de cada profissional e, ao mesmo tempo, criando uma rede de apoio social no desenvolvimento das potencialidades; ampliar as oportunidades educativas para além do currículo escolar.

Dessa forma, o papel do psicopedagogo no atendimento do indivíduo com AH/SD é muito importante, uma vez que permite a interlocução entre os aspectos pedagógicos desenvolvidos na escola e os aspectos psicológicos, com vistas ao desenvolvimento pleno do educando, valorizando seu potencial e contribuindo para seu equilíbrio socioemocional. Assim, é importante também refletir sobre o desenvolvimento cognitivo e emocional do indivíduo com AH/SD, o que faremos no próximo tópico.

Curiosidade

"A intervenção pedagógica provoca avanços que não ocorreriam espontaneamente. A importância da intervenção deliberada de um indivíduo sobre os outros como forma de promover desenvolvimento articula-se com um postulado básico de Vygotsky: o aprendizado é fundamental para o desenvolvimento desde o nascimento da criança" (Oliveira, 1992, p. 33).

6.4
O desenvolvimento cognitivo e emocional do indivíduo com altas habilidades/superdotação

O conhecimento limitado que se tem acerca do indivíduo com AH/SD contribui para a criação de mitos sobre eles, tornando-os invisíveis para a família e para a escola e, portanto, sem atendimento às suas necessidades. Essa falta de reconhecimento influi de forma expressiva no desenvolvimento psíquico, emocional e social no decorrer de sua trajetória de vida.

A família, como já mencionado anteriormente, tem papel importante no desenvolvimento emocional e social dos indivíduos com AH/SD.

Em muitas situações, não se sabe como lidar com as crianças superdotadas, pois elas demonstram mais curiosidade, mais rapidez de pensamento, dificuldades em aceitar regras, entre outras características. Tais comportamentos causam dificuldades familiares na rotina diária e no convívio com amigos, parentes e pessoas das comunidades das quais participam. Frequentemente, esses indivíduos sentem-se entediados e não sabem como lidar com esse sentimento, já que não têm maturidade emocional, o que causa estresse na família.

O descompasso entre o desenvolvimento intelectual e o emocional do indivíduo é chamado de ***assincronia*** e caracteriza-se por não estar em concomitância com os pares ou ainda ter um desenvolvimento desigual entre os aspectos intelectual e emocional, bem como entre a idade mental e a cronológica. É bastante provável que esse fator cause sofrimento, pois o indivíduo, mesmo que criança, pode pensar como adolescente ou adulto e, embora em alguns momentos apresente muita maturidade, em outros, suas ações demonstram a idade real, como as outras crianças.

Sendo assim, o contexto no qual a criança vive exerce influência importante, pois é nele que ela se constitui como sujeito e se desenvolve em todos os aspectos. Um desses contextos é o familiar e, como já vimos, a família tem uma atuação fundamental no equilíbrio desse indivíduo, pois "o entorno familiar que enfatiza relações de apoio e abertura, com baixo conflito entre seus membros, é importante para a autoestima e o ajuste geral das crianças AH/SD" (Callahan et al., 2004, p. 2).

Outro lugar muito importante é a escola, que se refere não só ao professor, mas também a todos que trabalham nela e aos colegas, bem como à forma como ela organiza seu tempo e espaço, ao currículo e às metodologias adotadas. Da mesma forma que a família, os docentes carecem de informações e orientações, e, muitas vezes, não estimulam ou incentivam os alunos com AH/SD, negligenciando o desenvolvimento de suas habilidades. Esse contexto induz o discente à desatenção e à desmotivação. Muitas vezes, sua reação à forma precária como a escola conduz os processos formativos é mal interpretada, levando a diagnósticos equivocados de deficiência ou distúrbios de aprendizagem, como déficit de atenção, autismo, entre outras.

De acordo com Pérez (2008), a escola tem enorme dificuldade no trato com a diversidade, especialmente com as AH/SD, que, por não serem reconhecidas e valorizadas, carecem de esforços educacionais necessários para atendê-las. A escola é fator de estresse para o indivíduo superdotado por não oferecer estímulos, apenas desafios inapropriados. Uma escolarização inadequada pode levar a um fracasso e/ou dificultar o planejamento de uma carreira acadêmica.

O nível elevado de habilidades e competências nem sempre indica sucesso profissional, porque a instabilidade emocional pode acarretar indecisão nas escolhas e insatisfação pessoal do indivíduo com AH/SD. Além disso, ainda existe a pressão exercida pela família e pela escola, que tem altas expectativas em relação ao sucesso desse indivíduo. Portanto, eles precisam se sentir apoiados na escolha da carreira, que deve ser feita com muito cuidado, de modo que sua vida laboral possa satisfazer e proporcionar um desenvolvimento constante de suas habilidades e talentos.

O acolhimento familiar e escolar contribui para que o indivíduo tenha uma percepção melhor de si mesmo, identificando suas diferenças e as compreendendo; ademais, sentir-se acolhido e respeitado fortalece sua personalidade e favorece o desenvolvimento de suas potencialidades, pois, ao estruturar-se emocionalmente, esse indivíduo estará preparado para enfrentar os desafios da sociedade e ter sucesso profissional.

Crianças com AH/SD podem se sentir inferiores quando não têm um conceito adequado de si mesmas e não entendem suas diferenças. Silverman (citada por Abad; Abad, 2016, p. 106) relata:

> Eu também tenho observado elevada emotividade em indivíduos AH/SD. Eles experimentam a vida fortemente, e sua intensidade, em geral, assusta a outras pessoas. Eles sofrem

suas próprias inadequações profundamente. Eles são facilmente feridos, altamente autocríticos e sobre reativos à crítica de outras pessoas. Eles também são sensíveis aos sentimentos alheios e mostram grande capacidade de compaixão. Seu perfeccionismo pode leva-los facilmente ao nível de obsessivo-compulsivo.

De acordo com Mendaglio (2008), a construção da personalidade do indivíduo ocorre por meio das experiências que vivencia; não é um atributo fixo, mas sim deve ser modelado pela pessoa, refletindo seu caráter único. Essa construção se dá pela vivência de emoções positivas e negativas que surgem no cotidiano.

Portanto, o desenvolvimento do indivíduo evolui de um nível primitivo a um nível superior e avançado, o qual o sofrimento – que causa conflitos internos ajuda – a alcançar. No entanto, há que se ressaltar a importância dos auxílios de rede interdisciplinar de profissionais que facilitem o processo de experimentação do indivíduo das emoções positivas e negativas, considerando sua imaturidade emocional. Nesse sentido, é importante estar atento a alguns recursos psicológicos que poderão ser úteis nesse processo, como o reconhecimento das habilidades e dos talentos especiais e a motivação individual para alcançar o ideal de personalidade.

É importante que a família e a escola estejam abertas e atentas nesse processo de formação e, considerando que ele perdura por toda a vida, é importante que exista uma melhor compreensão do potencial do indivíduo e das características que envolvem seus aspectos cognitivos e emocionais no espaço laboral.

> **Curiosidade**
>
> "pessoas resilientes compartilham traços de personalidade como: envolvimento com a tarefa, logros acadêmicos, habilidade verbal, reflexividade, inteligência, habilidade de sonhar, desejo de aprender, lócus internos de controle, tomada de riscos e auto entendimento" (Callahan et al., citada por Abad; Abad, 2016, p. 105).

6.5 Características que impactam no desenvolvimento social das altas habilidades/superdotação

As características do indivíduo com AH/SD ainda representam um desafio entre estudiosos e pesquisadores, pois se trata de um grupo heterogêneo e suas potencialidades e talentos são bastante variáveis. Um aspecto que precisa ser refletido e ponderado é a habilidade do superdotado em ser multidimensional, ou seja, sua formação precisa ocorrer não somente no campo da cognição, mas também nos aspectos emocionais e sociais. Porém, tais dimensões não têm tido grande relevância nas pesquisas, apesar da importância que representam.

É possível afirmar que muitas pessoas com AH/SD têm seu desenvolvimento socioafetivo comprometido. Isso pode se dar por falta de informação ou negligência de pais, educadores e até da sociedade como um todo, que não reconhece a necessidade que esse indivíduo tem de atendimento às suas necessidades. A dimensão socioafetiva diz respeito não só à vida do indivíduo na sociedade, mas também a seus desejos, seus interesses e suas emoções (Piske, 2013).

Ao se tratar do relacionamento do indivíduo com AH/SD na sociedade, é preciso ter claro que ele pode ser alvo de críticas e julgamentos. Muitas vezes, o meio social impõe uma pressão excessiva no sentido de que, por ter alta capacidade, ele precisa ter bons resultados sempre e em todas as áreas. No entanto, geralmente esquece-se que apesar de sua superdotação, o indivíduo tem necessidades emocionais e sociais, que dizem respeito a ser estimulado e valorizado para que seus talentos possam ser desenvolvidos. Quando isso não existe, o indivíduo pode se desajustar, apresentando dificuldades na escola e em casa, problemas como a instabilidade emocional, baixo desempenho escolar e desistência dos estudos.

De acordo com Alencar (2007a), as pesquisas de Hollingworth contribuíram de forma significativa na compreensão das dificuldades que os alunos com AH/SD apresentavam em seus aspectos sociais e emocionais. A pesquisadora identificou que alguns dos problemas relatados estavam relacionados à maneira diferenciada de aprender e ao comportamento em sala de aula. Também foi possível constatar que os problemas de relacionamento social estavam ligados a tentativas frustradas de estabelecer vínculo de amizade, considerando que seu desenvolvimento intelectual o torna significativamente diferente do grupo, o que ocasionava isolamento.

A pesquisadora também identificou a vulnerabilidade emocional desses sujeitos, pela capacidade de compreenderem questões de ordem filosófica e ética da sociedade, mas não estarem preparados emocionalmente para enfrentá-las (Hollingworth, 1942, citada por Alencar, 2007a). O que muitas vezes é incompreensível para as pessoas é que, apesar da alta capacidade cognitiva, esse indivíduo não apresenta sentimentos e emoções próprios de um adulto somente porque seu desenvolvimento intelectual é mais avançado do que o de outras crianças da sua idade.

Então, é possível dizer que existe uma **assincronia**, que se caracteriza pelo desajuste no desenvolvimento do indivíduo superdotado, e ela pode ter origem interna ou externa. Quando a origem é **interna**, refere-se ao descompasso entre o desenvolvimento afetivo e cognitivo, ou seja, nos indivíduos com AH/SD, o desenvolvimento cognitivo está bem à frente do desenvolvimento afetivo. Ainda quanto ao assincronismo de ordem interna, temos o **intelectual-psicomotor**, que se refere ao descompasso existente entre o desenvolvimento intelectual e o psicomotor. A criança pode aprender a ler muito cedo, porém ter dificuldades na escrita e apresentar uma grafia ruim. Nesse caso, o ritmo do cérebro na atividade da leitura é mais rápido do que o ato da escrita (Piske, 2013).

Quando a origem do assincronismo é **externa**, pode-se citar os aspectos escolar e social: o indivíduo tem habilidades e talentos acima da média, mas apresenta dificuldades em sua vida social. As ideias complexas que apresenta não são compreendidas por seus colegas e ele acaba sendo excluído do grupo. A exclusão social representa um problema significativo na vida de qualquer indivíduo, porém o impacto é maior nas pessoas com AH/SD, isso porque, na maioria das vezes, ele mesmo tem dificuldades em compreender suas diferenças e, além disso, a aceitação do grupo é algo muito importante para esse indivíduo.

Na família, o desajuste pode ocorrer pela incompreensão dos pais e familiares quanto às atitudes desses indivíduos. Ao mesmo tempo em que demonstram nível intelectual elevado, podem ter atitudes infantis, frustrando as expectativas dos pais (Terrassier, 1979).

Portanto, podemos constatar que o desenvolvimento do indivíduo com AH/SD não é linear, apresentando, até mesmo, descompasso. Sua vivência social, de modo especial na família e na escola, determinará o desempenho em todas as áreas. Família e escola precisam adaptar-se para garantir apoio, incentivo e motivação a eles.

Há que se ressaltar que um aspecto importante a ser considerado por pais e educadores é a imagem que os alunos com AH/SD têm de si mesmos. Uma autoimagem positiva significa desenvolvimento das potencialidades e equilíbrio emocional. À medida que a confiança em si mesmo aumenta, os resultados criativos e de aprendizagem são mais significativos (Alencar, 2007a). Assim, pais e educadores podem contribuir de maneira decisiva.

Por outro lado, algumas características apresentadas pelos superdotados podem contribuir com bons resultados acadêmicos e uma vida social com poucas dificuldades. Entre esses atributos, podemos citar o grande empenho nas atividades de interesse, o desejo de aprender e pesquisar, a sensibilidade, o senso de justiça e o perfeccionismo, que fazem com que eles exijam mais de si mesmos (Piske, 2013).

As dificuldades emocionais e sociais podem ser minoradas nos indivíduos superdotados se eles receberem apoio necessário de pais e educadores. Para isso, é necessário considerar a sensibilidade desse grupo e suas reações frente ao descaso, que podem ser negativas e prejudiciais ao seu desenvolvimento.

Virgolim (2003) alerta que essas atitudes negativas podem manifestar-se em um comportamento social inadequado, com agressividade e até delinquência social. A autora assevera que muitas crianças e adolescentes no Brasil não são identificadas como habilidosas ou talentosas e, sem compreender porque são diferentes, sentem-se frustradas, sem prazer na vida escolar e na sociedade, e o resultado, muitas vezes, é o isolamento social e o abandono escolar.

Assim, diante do exposto, percebemos que o aluno com AH/SD necessita de atendimento especializado em salas de recursos multifuncionais ou programas específicos para esse público. No entanto, é importante o papel da família desde a tenra idade, no sentido de aceitar, respeitar e acolher essa criança e, posteriormente, trabalhar de forma articulada com a escola para garantir o desenvolvimento dela em todas as suas potencialidades.

Síntese

Neste capítulo abordamos aspectos essenciais do desenvolvimento pessoal e social dos indivíduos com AH/SD e discutimos o desenvolvimento da criatividade como característica da maioria desses indivíduos.

O papel da família novamente foi evidenciado na compreensão da necessidade do atendimento adequado a este público, em uma ação articulada entre diversos profissionais. O psicopedagogo também foi identificado como um profissional que compõe a rede de apoio psicológico e pedagógico a esses indivíduos e a suas famílias.

Abordamos, também, o desenvolvimento cognitivo, emocional e social dos indivíduos com AH/SD, esclarecendo que ele não ocorre de forma concomitante na maioria das vezes, causando um desequilíbrio que precisa da atenção de pais e profissionais envolvidos no atendimento desses indivíduos.

Atividades de autoavaliação

1. A questão da criatividade, presente nos indivíduos com AH/SD, não foi alvo de investigação até recentemente, quando autores a reconheceram como uma característica do indivíduo e, portanto, uma habilidade a ser reconhecida e desenvolvida. Alguns traços especiais em relação à criatividade podem ser citados, entre eles:
   I) espontaneidade;
   II) distração;
   III) independência;
   IV) comportamento agitado.

   Assinale a alternativa correta:

   a) Os itens I e II estão corretos.
   b) Os itens II e III estão corretos.
   c) Os itens II e IV estão corretos.
   d) Os itens I e III estão corretos.
   e) Apenas o item IV está correto.

2. É importante compreender os indivíduos com AH/SD para ajudá-los a enfrentar a assincronia, que é:
   I) a maior habilidade na área do raciocínio lógico;
   II) a falta de habilidade nos relacionamentos;
   III) o descompasso entre áreas do desenvolvimento;
   IV) uma dificuldade motora.

   Assinale a alternativa correta:

   a) As afirmativas I e III estão corretas.
   b) As afirmativas I, II e III estão corretas.
   c) As afirmativas II e III estão corretas.
   d) Somente a afirmativa III está correta.
   e) As afirmativas I e IV estão corretas.

3. A psicopedagogia surgiu como uma disciplina complementar da psicologia e da medicina, devido à necessidade de atendimento ao aluno com AH/SD, público-alvo da educação especial. Atualmente, esse ramo preocupa-se não só com o aluno e sua família, mas com tudo que o cerca, o influencia e o constrói. A psicopedagogia fundamenta-se nos seguintes conceitos:
   a) avaliação, ajuste comportamental e prevenção.
   b) atendimento, encaminhamento e acompanhamento.
   c) reconhecimento, tratamento e prevenção.
   d) cognitivo, emocional e social.
   e) prevenção, avaliação e tratamento básico.

4. A construção da personalidade do indivíduo ocorre por meio de experiências vivenciadas. Sobre esse processo, é correto afirmar que:

I) A construção da personalidade ocorre pela vivência de emoções positivas e negativas, porém as negativas não contribuem com o indivíduo, que se sente frustrado e desmotivado;

II) Desintegração positiva é o processo pelo qual a personalidade é alcançada e implica em desintegrar a organização primitiva e reintegrá-la em um nível maior de funcionamento;

III) Em um processo mais elevado de desenvolvimento, o indivíduo transcende o determinismo biológico e se torna autônomo;

IV) A família é responsável pela construção da personalidade do indivíduo com AH/SD.

Assinale a alternativa correta:

a) As afirmativas II e III estão corretas.
b) Somente a afirmativa II está correta.
c) As afirmativas II e IV estão corretas.
d) As afirmativas I e III estão corretas.
e) Somente a afirmativa IV está correta.

5. Marque V para as afirmativas verdadeiras e F para as falsas.
   ( ) A assincronia de ordem interna refere-se ao descompasso entre o desenvolvimento cognitivo e afetivo.
   ( ) Todos os indivíduos com AH/SD são agressivos e podem tornar-se delinquentes se não receberem atendimento adequado às suas necessidades.

( ) O perfeccionismo e o senso de justiça são características que podem contribuir para uma vida social saudável dos indivíduos com AH/SD.
( ) O atendimento à criança com AH/SD deve acontecer somente na escola.
( ) A assincronia de ordem externa refere-se ao descompasso entre o desenvolvimento intelectual e psicomotor.

Agora, assinale a sequência correta:

a) V, V, V, V, V.
b) V, V, V, F, F.
c) F, V, V, V, F.
d) V, F, V, F, F.
e) F, V, F, F, V.

Atividades de aprendizagem

Questões para reflexão

1. Muitas crianças e muitos adolescentes no Brasil não são identificados como habilidosos ou talentosos e eles, sem compreender porque são diferentes, sentem-se frustrados, sem prazer na vida escolar e na sociedade, e o resultado, muitas vezes, é o isolamento social e o abandono escolar.

Com base na afirmação apresentada, cite duas políticas públicas que poderiam ajudar a combater essa realidade.

2. Um aspecto importante a ser considerado por pais e educadores é a imagem que os alunos com AH/SD têm de si mesmos. Um autoconceito positivo resulta em desenvolvimento de potencialidades e equilíbrio emocional. À medida que a confiança em si mesmo aumenta, os resultados criativos e de aprendizagem são mais significativos.

Ao refletir sobre essa afirmação, cite duas práticas que a escola pode criar para desenvolver a autoestima dos alunos.

Atividade aplicada: prática

1. Algumas características dos alunos com AH/SD podem contribuir com o desempenho positivo nas habilidades acadêmicas. Cite algumas delas e explique de que forma isso pode cooperar positivamente no desenvolvimento desses alunos.

Considerações finais

No primeiro capítulo, refletimos sobre o histórico e a classificação das altas habilidades/superdotação (AH/SD), perpassando pelo conceito de *inteligência*, e, assim, pudemos perceber que o vocábulo nos remete a conhecimento, compreensão e entendimento, ou seja, indica a capacidade do sujeito de interligar as ideias que nem sempre são explicitamente relacionadas. Vimos, ainda, que a história sobre a inteligência humana remonta aos primórdios da humanidade e que há mais de 100 definições na literatura pertinente para AH/SD, que são classificadas em quatro grupos não excludentes entre si, a saber: 1) genético, 2) cognitivo (constructos psicológicos); 3) interacionista (realização) e 4) meio ambiente (sistêmico). Constatamos, também, que os sujeitos com AH/SD se encontram amparados pela legislação, mas que, no Brasil, ainda há muito o que se fazer para que seus direitos sejam realmente assegurados, não apenas na teoria, mas na prática, como forma de combate a vários mitos e crenças que pairam sobre essas pessoas. É possível observar que a falta de políticas públicas que assegurem e providenciem todos os recursos que esses alunos necessitam, muitas vezes, levam ao insucesso, à desmotivação e ao consequente fracasso escolar.

No segundo capítulo, refletimos sobre o que é *precocidade, condição de prodígio, talento, criatividade* e *genialidade*, haja vista que esses termos têm sido comumente confundidos na literatura e tidos como sinônimos de AH/SD. Assim, iniciamos com o entendimento do que significa *precocidade* e pudemos perceber que crianças precoces apresentam um desenvolvimento mais rápido do que o esperado se comparadas a outras da mesma faixa etária. Na sequência, vimos que *prodígio* é aquele que tem um desempenho altamente elevado no desenrolar das atividades, por exemplo: com menos de 10 anos de idade atinge o nível de um sujeito adulto capacitado em alguma área que demanda muito esforço. Entendemos o que significa *criatividade* e que ela está presente em todos os seres humanos, mas difere em intensidade, uma vez que se manifesta de várias maneiras e é influenciada por fatores ambientais. Vimos que *talento* se refere à maestria superior de habilidades que são desenvolvidas a partir do treino sistemático e do domínio de conhecimento em pelo menos uma área da atividade humana, mas quando se trata de relacioná-lo a AH/SD não há um conceito único difundido pela literatura pertinente. Posteriormente, discutimos sobre o que é *genialidade* e aprendemos que um sujeito só deve ser denominado *gênio* se deixar algum feito para a humanidade.

Vimos também que a identificação do sujeito com AH/SD é um processo dinâmico, que demanda uma avaliação criteriosa.

Para além da nossa capacidade em identificar o indivíduo com AH/SD, é importante estabelecer práticas pedagógicas coerentes ao potencial de tais indivíduos, com vistas à sua permanência no contexto escolar, motivado por um espaço desafiador.

No terceiro capítulo, tivemos a oportunidade de refletir sobre as teorias que auxiliam na fundamentação das AH/SD. Inicialmente, tomamos conhecimento sobre a teoria dos três anéis de Joseph Renzulli, cuja proposta de superdotação é composta por habilidades acima da média, envolvimento com a tarefa e criatividade. Conhecemos a teoria das inteligências múltiplas proposta por Howard Gardner e entendemos o que é a teoria triárquica da inteligência, difundida por Robert Sternberg, que defende a inteligência como algo não estático e que, em associação com o conhecimento, a motivação e a personalidade em um ambiente favorável a comportamentos talentosos, pode gerar comportamentos e pensamentos criativos. Posteriormente, conhecemos a teoria do Modelo Diferenciado de Superdotação e Talentos (MDST) proposta por Françoys Gagné e, finalmente, buscamos compreender os aspectos da teoria histórico-cultural proposta por Lev Vygotsky na abordagem de AH/SD.

Compreender como o indivíduo aprende é essencial para que novas práticas sejam propostas e para que talentos não sejam desperdiçados ou mal interpretados no ambiente escolar.

No quarto capítulo, abordamos o importante papel da família no reconhecimento, no acolhimento e no encaminhamento adequado a indivíduos com AH/SD. A escola também é evidenciada, refletindo a relevância de seu trabalho de identificação, inclusão e encaminhamentos a programas que objetivem desenvolver as habilidades dos alunos com AH/SD e potencializar os talentos deles, proporcionando um ambiente propício à aprendizagem e à pesquisa.

No quinto capítulo, evidenciamos as possibilidades de intervenções pedagógicas a serem realizadas na escola para os alunos com AH/SD, reconhecendo a necessidade da escola toda em um movimento de inclusão. Identificamos a importância do atendimento educacional especializado realizado na sala de recursos multifuncionais e a necessidade da articulação do profissional desse meio com o professor da classe comum.

É importante ressaltar, aqui, que os alunos com AH/SD são público-alvo da educação especial e, portanto, têm o direito ao Atendimento Educacional Especializado (AEE), objetivando a construção de escolas inclusivas, na qual todos podem ser reconhecidos em suas especificidades.

O sexto capítulo objetivou o reconhecimento das características do desenvolvimento pessoal e social dos alunos com AH/SD, o descompasso existente, muitas vezes, entre o desenvolvimento cognitivo e o emocional do indivíduo, causando desequilíbrio e exigindo atendimento adequado por parte dos profissionais que o acompanham, bem como da família. A articulação entre os diversos segmentos é mais uma vez evidenciada para assegurar o pleno desenvolvimento desse indivíduo.

Vale ressaltar que o indivíduo com AH/SD é um indivíduo de direito, ou seja, tem o direito de estar em uma escola inclusiva que o reconheça em sua singularidade. É importante ter em mente que, apesar do grande potencial que possui e de sua elevada capacidade acadêmica, ele tem aspectos de seu desenvolvimento pessoal, emocional e social que precisam ser considerados. Ele precisa ser acompanhado e desafiado para que o desenvolvimento seja pleno.

Por fim, destacamos que os temas tratados aqui são de extrema relevância, visto que trazem à luz a condição de indivíduos que são, em sua maioria, invisíveis na escola, que os negligencia por desconhecimento e falta de práticas específicas voltadas a suas características. No entanto, evidenciar a condição desses indivíduos é apenas uma das questões a serem tratadas. O passo seguinte é a construção de escolas mais inclusivas, nas quais prevaleçam práticas que reconheçam a individualidade de cada educando.

Referências

ABAD, A.; ABAD, T. M. M. Altas habilidades/superdotação: um olhar para o desenvolvimento cognitivo, ajuste emocional e seus impactos na vida profissional. **Revista Foco**, v. 9, n. 2. p. 97-119, ago./dez. 2016. Disponível em: <file:///C:/Users/72000098/Downloads/266-1194-1-PB.pdf>. Acesso em: 20 fev. 2020.

AFONSO, M. J. **Paradigmas diferencial e sistêmico de investigação da inteligência humana**: perspectivas sobre o lugar e o sentido do construto. 708 f. Tese (Doutorado em Psicologia Diferencial) – Faculdade de Psicologia e de Ciências da Educação, Universidade de Lisboa, Lisboa, 2007. Disponível em: <https://repositorio.ul.pt/handle/10451/3987>. Acesso em: 14 fev. 2020.

ALENCAR, E. M. L. S. de. Barreiras à promoção da criatividade no ensino fundamental. **Psicologia: Teoria e Pesquisa**, v. 24, n. 1, p. 59-65, 2008. Disponível em: <http://www.scielo.br/scielo.php?script=sci_abstract&pid=S0102-37722008000100007&lng=en&nrm=iso&tlng=pt>. Acesso em: 19 fev. 2020.

_____. Características socioemocionais do superdotado: questões atuais. **Revista Psicologia em Estudo**, Maringá, v. 12, n. 2, p. 371-378, maio/ago. 2007a. Disponível em: <http://www.scielo.br/scielo.php?pid=S1413-73722007000200018&script=sci_abstract&tlng=pt>. Acesso em: 19 fev. 2020.

_____. **Como desenvolver o potencial criador**: um guia para a liberação da criatividade em sala de aula. 11. ed. Petrópolis: Vozes, 2009.

_____. **Criatividade e educação de superdotados**. Petrópolis: Vozes, 2001.

ALENCAR, E. M. L. S. de. Criatividade e ensino. **Psicologia: Ciência e Profissão**, Brasília, v. 6, n. 1, p. 13-16, 1986a. Disponível em: <http://www.scielo.br/scielo.php?script=sci_arttext&pid=S1414-98931986000100004>. Acesso em: 19 fev. 2020.

_____. **Criatividade**: múltiplas perspectivas. Brasília: Ed. da UnB, 2003a.

_____. Indivíduos com altas habilidades/superdotação: clarificando conceitos, desfazendo ideias errôneas. In: FLEITH, D. de S. (Org.). **A construção de práticas educacionais para alunos com altas habilidades/superdotação**. Brasília: Ministério da Educação/Secretaria de Educação Especial, 2007b. p. 13-24. v. 1. Disponível em: <http://www.dominiopublico.gov.br/download/texto/me004654.pdf>. Acesso em: 18 fev. 2020.

_____. (Org.). **Novas contribuições da psicologia aos processos de ensino e aprendizagem**. São Paulo: Cortez, 1992.

_____. O aluno com altas habilidades no contexto da educação inclusiva. **Revista Movimento**, Niterói, n. 7, p. 60-69, 2003b.

_____. O papel da escola na estimulação do talento criativo. In: FLEITH, D. S.; ALENCAR, E. M. L. S. de (Org.). **Desenvolvimento de talentos e altas habilidades**: orientação a pais e professores. Porto Alegre: Artmed, 2007c. p. 163-188.

_____. Perspectivas e desafios da educação do superdotado. **Em Aberto**, Brasília, ano 13, n. 60, p. 77-92, out./dez. 1993. Disponível em: <http://emaberto.inep.gov.br/index.php/emaberto/article/view/1918>. Acesso em: 18 fev. 2020.

_____. **Psicologia e educação do superdotado**. São Paulo: EPU, 1986b.

ALENCAR, E. M. L. S. de; FLEITH, D. de S. **Superdotados**: determinantes, educação e ajustamento. 2. ed. São Paulo: EPU, 2001.

ALMEIDA JÚNIOR, C. B. O psicopedagogo na educação especial. **Estação Científica**, Macapá, v. 2, n. 1. p. 1-10, jan./jun. 2012. Disponível em: <https://periodicos.unifap.br/index.php/estacao/article/view/220>. Acesso em: 20 fev. 2020.

ALMEIDA, L. S. Cognição e inteligência. In: CONGRESSO INTERNACIONAL SOBRE SUPERDOTAÇÃO; CONGRESSO IBERO-AMERICANO SOBRE SUPERDOTAÇÃO, 3., SEMINÁRIO NACIONAL DA ASSOCIAÇÃO BRASILEIRA PARA SUPERDOTADOS, 12., 1998, Brasília. **Anais**... Brasília: Universidade Católica de Brasília, 1998.

ALMEIDA, L. S. et al. Inteligências múltiplas de Gardner: é possível pensar a inteligência sem um factor g? **Psychologica**, Coimbra, n. 50, p. 41-55, 2009. Disponível em: <https://impactum-journals.uc.pt/psychologica/article/view/969>. Acesso em: 19 fev. 2020.

ANDRÉS, A. **Educação de alunos superdotados/altas habilidades**: legislação e normas nacionais – legislação internacional. Brasília: Biblioteca da Câmara dos Deputados, 2010. Disponível em: <http://bd.camara.gov.br/bd/handle/bdcamara/3202>. Acesso em: 20 fev. 2020.

ANJOS, I. R. S. dos. **Dotação e talento**: concepções reveladas em dissertações e teses no Brasil. 190 f. Tese (Doutorado em Educação Especial) – Programa de Pós-Graduação em Educação Especial, Universidade Federal de São Carlos, São Carlos, 2011. Disponível em: <https://repositorio.ufscar.br/handle/ufscar/2880>. Acesso em: 18 fev. 2020.

ANTIPOFF, C. A. **Uma proposta original na educação de bem-dotados**: ADAV – Associação Milton Campos para desenvolvimento e assistência de vocações de bem-dotados em sua primeira década de funcionamento: 1973-1983. 240 f. Dissertação (Mestrado em Educação) – Faculdade de Educação, Universidade Federal de Minas Gerais, Belo Horizonte, 2010. Disponível em: <https://repositorio.ufmg.br/handle/1843/BUOS-8CJMX4>. Acesso em: 17 fev. 2020.

ANTIPOFF, C. A.; CAMPOS, R. H. de F. Superdotação e seus mitos. **Revista Semestral da Associação Brasileira de Psicologia Escolar e Educacional**, São Paulo, v. 14, n. 2, p. 301-309, jul./dez. 2010.

Disponível em: <http://www.scielo.br/scielo.php?script=sci_art text&pid=S1413-85572010000200012>. Acesso em: 17 fev. 2020.

ANTUNES, C. As inteligências múltiplas e seus estímulos. 8. ed. Campinas: Papirus, 2002.

ARANTES, D. R. B. Uma investigação sobre pessoas com altas habilidades/superdotação: dialogando com Marion Milner. 108 f. Dissertação (Mestrado em Psicologia Clínica) – Pontifícia Universidade Católica de São Paulo, São Paulo, 2011. Disponível em: <https://tede2.pucsp.br/handle/handle/15054>. Acesso em: 19 fev. 2020.

ASSIS, A. L. A. Influências da psicanálise na educação: uma prática psicopedagógica. 2. ed. rev. Curitiba: Ibpex, 2007. (Série Psicologia em Sala de Aula)

BAPTISTA, C. R. Inclusão e escolarização: múltiplas perspectivas. Porto Alegre: Mediação, 2006.

BECKER, M. A. d'Á. É possível encontrar talentos nas ruas e em instituições prisionais? Revista Educação Especial, v. 27, n. 50, p. 689-698, set./dez. 2014. Disponível em: <https://periodicos. ufsm.br/educacaoespecial/article/view/14321>. Acesso em: 17 fev. 2020.

BORUCHOVITCH, E. Inteligência e motivação: perspectivas atuais. In: BORUCHOVITH, E.; BZUNECK, J. A. (Org.). Motivação do aluno: contribuições da psicologia contemporânea. Petrópolis: Vozes, 2001. p. 96-115.

BRANDÃO, S. H. A. O Atendimento educacional especializado a alunos com altas habilidades/superdotação: um olhar a partir da teoria histórico-cultural. In: ENCONTRO NACIONAL DO CONBRASD, 4.; CONGRESSO INTERNACIONAL SOBRE ALTAS HABILIDADES/SUPERDOTAÇÃO, 1.; SEMINÁRIO SOBRE ALTAS HABILIDADES/SUPERDOTAÇÃO DA UFPR, 4., 2010, Curitiba. Anais... Curitiba: Ed. da UFPR, 2010.

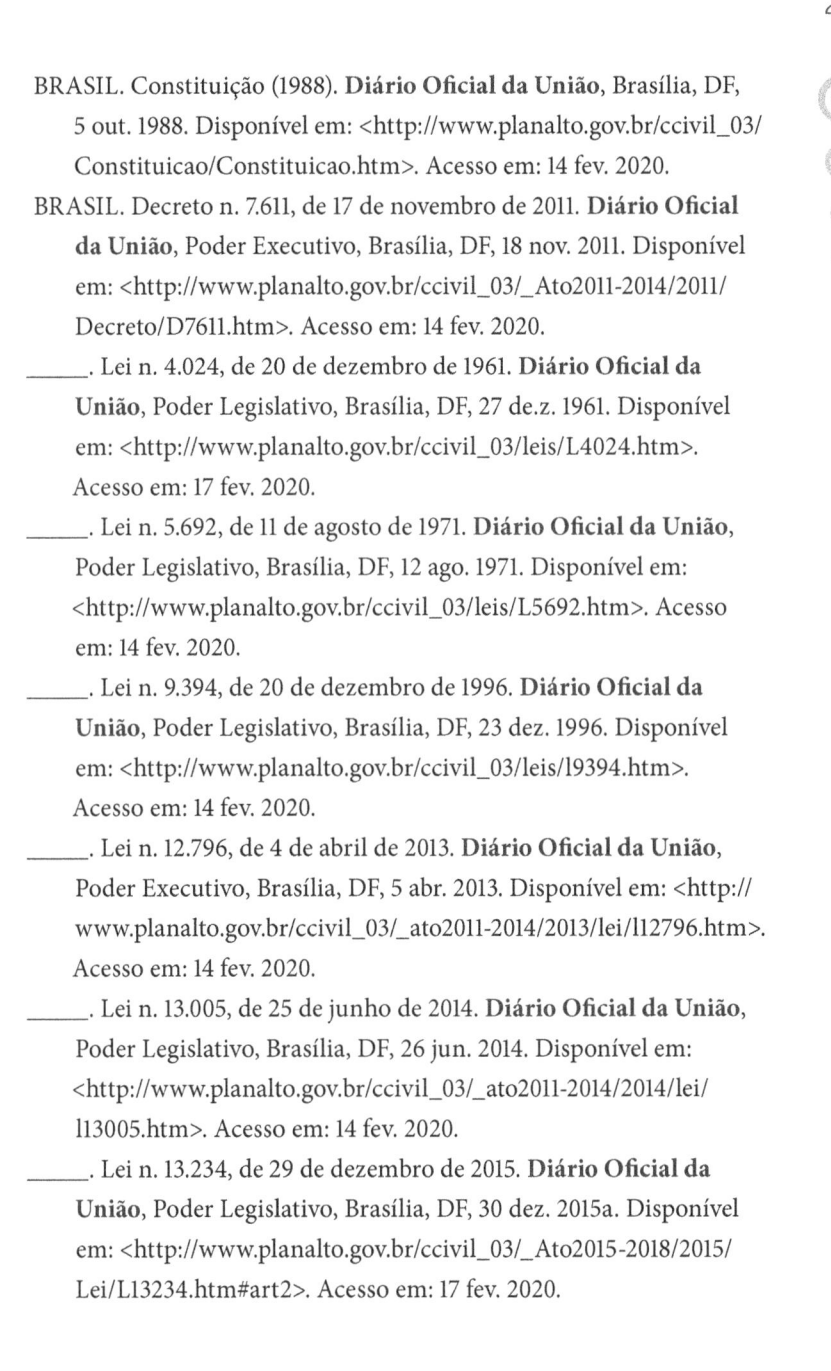

BRASIL. Constituição (1988). **Diário Oficial da União**, Brasília, DF, 5 out. 1988. Disponível em: <http://www.planalto.gov.br/ccivil_03/Constituicao/Constituicao.htm>. Acesso em: 14 fev. 2020.

BRASIL. Decreto n. 7.611, de 17 de novembro de 2011. **Diário Oficial da União**, Poder Executivo, Brasília, DF, 18 nov. 2011. Disponível em: <http://www.planalto.gov.br/ccivil_03/_Ato2011-2014/2011/Decreto/D7611.htm>. Acesso em: 14 fev. 2020.

_____. Lei n. 4.024, de 20 de dezembro de 1961. **Diário Oficial da União**, Poder Legislativo, Brasília, DF, 27 de.z. 1961. Disponível em: <http://www.planalto.gov.br/ccivil_03/leis/L4024.htm>. Acesso em: 17 fev. 2020.

_____. Lei n. 5.692, de 11 de agosto de 1971. **Diário Oficial da União**, Poder Legislativo, Brasília, DF, 12 ago. 1971. Disponível em: <http://www.planalto.gov.br/ccivil_03/leis/L5692.htm>. Acesso em: 14 fev. 2020.

_____. Lei n. 9.394, de 20 de dezembro de 1996. **Diário Oficial da União**, Poder Legislativo, Brasília, DF, 23 dez. 1996. Disponível em: <http://www.planalto.gov.br/ccivil_03/leis/l9394.htm>. Acesso em: 14 fev. 2020.

_____. Lei n. 12.796, de 4 de abril de 2013. **Diário Oficial da União**, Poder Executivo, Brasília, DF, 5 abr. 2013. Disponível em: <http://www.planalto.gov.br/ccivil_03/_ato2011-2014/2013/lei/l12796.htm>. Acesso em: 14 fev. 2020.

_____. Lei n. 13.005, de 25 de junho de 2014. **Diário Oficial da União**, Poder Legislativo, Brasília, DF, 26 jun. 2014. Disponível em: <http://www.planalto.gov.br/ccivil_03/_ato2011-2014/2014/lei/l13005.htm>. Acesso em: 14 fev. 2020.

_____. Lei n. 13.234, de 29 de dezembro de 2015. **Diário Oficial da União**, Poder Legislativo, Brasília, DF, 30 dez. 2015a. Disponível em: <http://www.planalto.gov.br/ccivil_03/_Ato2015-2018/2015/Lei/L13234.htm#art2>. Acesso em: 17 fev. 2020.

BRASIL. Ministério da Educação. Conselho Nacional de Educação. Câmara de Educação Básica. Parecer CNE/CEB n. 17/2001. **Diário Oficial da União**, Brasília, DF, 17 ago. 2001a. Disponível em: <http://portal.mec.gov.br/seesp/arquivos/pdf/parecer17.pdf>. Acesso em: 27 fev. 2020.

_____. Resolução CEB/CNE n. 2, de 11 de setembro de 2001. **Diário Oficial da União**, Brasília, DF, 14 set. 2001b. Disponível em: <http://portal.mec.gov.br/cne/arquivos/pdf/CEB0201.pdf>. Acesso em: 27 fev. 2020.

_____.Resolução n. 4, de 2 de outubro de 2009. **Diário Oficial da União**, Brasília, DF, 5 out. 2009. Disponível em: <http://portal.mec.gov.br/dmdocuments/rceb004_09.pdf>. Acesso em: 14 fev. 2020.

BRASIL. Ministério da Educação. Secretaria de Educação Especial. **Diretrizes Gerais para o Atendimento Educacional dos Alunos Portadores de Altas Habilidades/Superdotação e Talentos**. Brasília, 1995a. (Série Diretrizes, 10). Disponível em: <http://www.dominiopublico.gov.br/pesquisa/DetalheObraForm.do?select_action=&co_obra=27407>. Acesso em: 14 fev. 2020.

_____. **Diretrizes Nacionais para a Educação Especial na Educação Básica**. Brasília, 2001c. Disponível em: <http://portal.mec.gov.br/seesp/arquivos/pdf/diretrizes.pdf>. Acesso em: 14 fev. 2020.

_____. **Orientações para Implementação da Política de Educação Especial na Perspectiva da Educação Inclusiva**. Brasília, 2015b. Disponível em: <http://portal.mec.gov.br/index.php?option=com_docman&view=download&alias=17237-secadi-documento-subsidiario-2015&category_slug=marco-2015-pdf&Itemid=30192>. Acesso em: 14 fev. 2020.

_____. **Política Nacional de Educação Especial**: livro 1. Brasília, 1994. Disponível em: <https://midia.atp.usp.br/plc/plc0604/impressos/plc0604_aula04_AVA_Politica_1994.pdf>. Acesso em: 14 fev. 2020.

_____. **Política Nacional de Educação Especial na Perspectiva da Educação Inclusiva**. Brasília, 2008. Disponível em: <http://portal.

mec.gov.br/arquivos/pdf/politicaeducespecial.pdf>. Acesso em: 14 fev. 2020.

BRASIL. Ministério da Educação. Secretaria de Educação Especial. **Programa de Capacitação de Recursos Humanos do Ensino Fundamental**: superdotação e talento. Brasília, 1999. v. 1. (Série Atualidades Pedagógicas, 7). Disponível em: <http://www.dominiopublico.gov.br/download/texto/me002302.pdf>. Acesso em: 14 fev. 2020.

_____. **Projeto Escola Viva**: garantindo o acesso e permanência de todos os alunos na escola – necessidades educacionais especiais dos alunos. 2. ed. Brasília, 2005. 5 v. Disponível em: <http://portal.mec.gov.br/mais-educacao/192-secretarias-112877938/seesp-esducacao-especial-2091755988/12658-projeto-escola-viva>. Acesso em: 14 fev. 2020.

BRASIL. **Saberes e práticas da inclusão**: desenvolvendo competências para o atendimento às necessidades educacionais especiais de alunos com altas habilidades/superdotação. 2. ed. Brasília, 2006. (Série Saberes e Práticas da Inclusão). Disponível em: <http://portal.mec.gov.br/seesp/arquivos/pdf/altashabilidades.pdf>. Acesso em: 14 fev. 2020.

_____. **Subsídios para Organização e Funcionamento de Serviços de Educação Especial**: área de altas habilidades. Brasília, 1995b. (Série Diretrizes, 9). Disponível em: <http://www.dominiopublico.gov.br/download/texto/me002303.pdf>. Acesso em: 14 fev. 2020.

BRASIL. **Plano Nacional de Educação**. Brasília: Senado Federal/Unesco, 2001d. Disponível em: <http://unesdoc.unesco.org/images/0013/001324/132452porb.pdf>. Acesso em: 14 fev. 2020.

CABRAL, A.; NICK, E. **Dicionário técnico de psicologia**. 9. ed. São Paulo: Cultrix, 1989.

CALLAHAN, C. et al. The Social and Emotional Development of Gifted Students. **The National Research Center on the Gifted and Talented**, 2004. Disponível em: <https://files.eric.ed.gov/fulltext/ED505462.pdf>. Acesso em: 20 fev. 2020.

CAPOVILLA, F. C.; NUNES, L. R. O. P.; NOGUEIRA, D.; NUNES, D.; ARAÚJO, I.; BERNAT, A. B.; CAPOVILLA, A. G. S. Desenvolvimento do vocabulário receptivo-auditivo da pré-escola à oitava série: normatização fluminense baseada em aplicação coletiva da tradução do Peabody Picture Vocabulary Test. **Ciência Cognitiva: Teoria, Pesquisa e Aplicação**, v.1, n.1, p.381-440, 1997.

CARNEIRO, E. G.; ZIVIANI, C. R. A pessoa inteligente no mundo social. **Psicologia Escolar e Educacional**, Campinas, v. 2, n. 2, p. 135-152, 1998. Disponível em: <http://www.scielo.br/scielo.php?script=sci_arttext&pid=S1413-85571998000200008&lng=pt&nrm=iso>. Acesso em: 19 fev. 2020.

CARVALHO, R. E. **Educação Inclusiva**: com os pingos nos "is". 10. ed. Porto Alegre: Mediação, 2014.

CHACON, M. O relacionamento fraterno na presença da deficiência. **Revista Espaço – Informativo Técnico-Científico (Ines)**, Rio de Janeiro, n. 33, p. 70, jan./jun. 2010.

CHACON, M. C. M; DEFENDI, E. L.; FELIPPE, M. C. G. C. A família como parceira no processo de desenvolvimento e educação do deficiente visual. In: MASINI, E. F. S. (Org.). **A pessoa com deficiência visual**: um livro para educadores. São Paulo: Vetor, 2007. p. 131-174.

CHAGAS, J. F. Conceituação e fatores individuais, familiares e culturais relacionados às altas habilidades. In: FLEITH, D. de S.; ALENCAR, E. M. L. S. de (Org.). **Desenvolvimento de talentos e altas habilidades**: orientação a pais e professores. Porto Alegre: Artmed, 2007. p. 15-23.

COLPO, F. O que é superdotação / altas habilidades. **Superdotação**, 17 set. 2014. Disponível em: <http://www.superdotacao.com.br/a/1/o-que-e-superdotacao-altas-habilidades>. Acesso em: 14 fev. 2020.

CUPERTINO, C. M. B. (Org.). **Um olhar para as altas habilidades**: construindo caminhos. São Paulo: Governo do Estado de São

Paulo; Secretaria da Educação, 2008. Disponível em: <http://cape.edunet.sp.gov.br/cape_arquivos/Um_Olhar_Para_As_Altas_habilidades.pdf>. Acesso em: 19 fev. 2020.

DALGALARRONDO, P. A inteligência e suas alterações. In: _____. **Psicopatologia e semiologia dos transtornos mentais**. 2. ed. Porto Alegre: Artmed, 2008. p. 277-289.

DELOU, C. M. C. Educação do aluno com altas habilidades/superdotação: legislação e políticas educacionais para a inclusão. FLEITH, D. de S. (Org.). **A construção de práticas educacionais para alunos com altas habilidades/superdotação**. Brasília: Ministério da Educação/Secretaria de Educação Especial, 2007. p. 25-40. v. 1. Disponível em: <http://www.dominiopublico.gov.br/download/texto/me004654.pdf>. Acesso em: 18 fev. 2020.

DELPRETTO, B. M. de L. **A pessoa com altas habilidades/superdotação adulta**: análises do processo de escolarização com elementos da contemporaneidade. 108 f. Dissertação (Mestrado em Educação) – Universidade Federal de Santa Maria, Santa Maria, 2009. Disponível em: <https://repositorio.ufsm.br/bitstream/handle/1/6899/DELPRETTO%2C%20BARBARA%20MARTINS%20DE%20LIMA.pdf?sequence=1&isAllowed=y>. Acesso em: 20 fev. 2020.

DILTS, R. B. **A estratégia da genialidade**. Tradução de Heloisa Martins-Costa. São Paulo: Summus. 1998. v. 1.

FELDHUSEN, J. F. Algumas contribuições da psicologia à educação do superdotado. In: ALENCAR, E. S. de (Org.). **Novas contribuições da psicologia aos processos de ensino e aprendizagem**. São Paulo: Cortez, 1992. p. 204-217.

FERNANDES, T. L. G. **Capacidades silentes**: avaliação educacional diagnóstica de altas habilidades/superdotação em alunos com surdez. 330 f. Tese (Doutorado em Educação) – Programa de Pós-Graduação em Educação Brasileira, Universidade Federal do

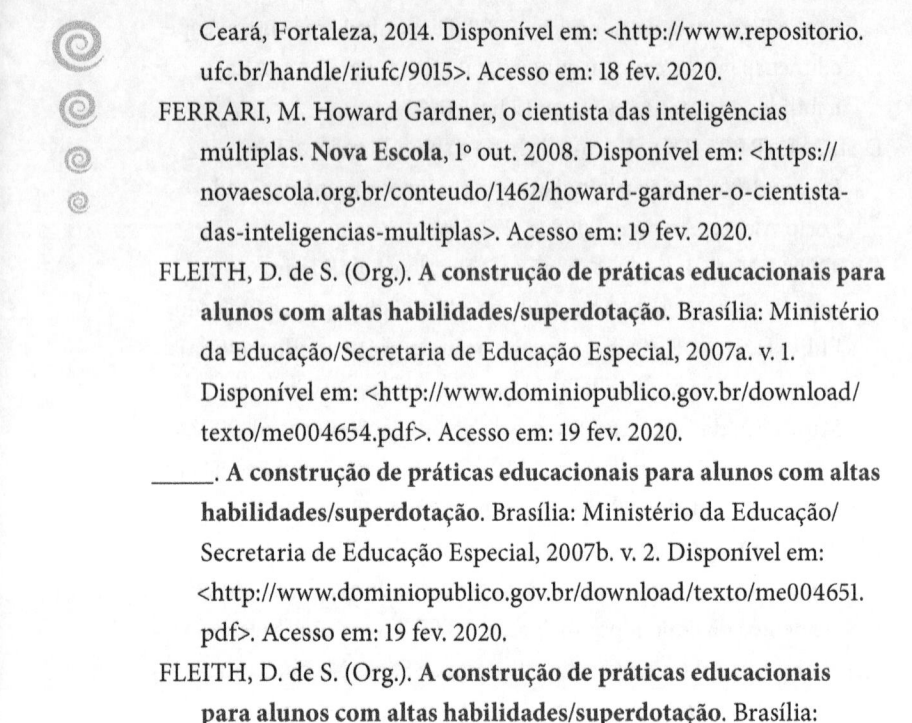

Ceará, Fortaleza, 2014. Disponível em: <http://www.repositorio.
ufc.br/handle/riufc/9015>. Acesso em: 18 fev. 2020.

FERRARI, M. Howard Gardner, o cientista das inteligências
múltiplas. **Nova Escola**, 1º out. 2008. Disponível em: <https://
novaescola.org.br/conteudo/1462/howard-gardner-o-cientista-
das-inteligencias-multiplas>. Acesso em: 19 fev. 2020.

FLEITH, D. de S. (Org.). **A construção de práticas educacionais para
alunos com altas habilidades/superdotação**. Brasília: Ministério
da Educação/Secretaria de Educação Especial, 2007a. v. 1.
Disponível em: <http://www.dominiopublico.gov.br/download/
texto/me004654.pdf>. Acesso em: 19 fev. 2020.

_____. **A construção de práticas educacionais para alunos com altas
habilidades/superdotação**. Brasília: Ministério da Educação/
Secretaria de Educação Especial, 2007b. v. 2. Disponível em:
<http://www.dominiopublico.gov.br/download/texto/me004651.
pdf>. Acesso em: 19 fev. 2020.

FLEITH, D. de S. (Org.). **A construção de práticas educacionais
para alunos com altas habilidades/superdotação**. Brasília:
Ministério da Educação/Secretaria de Educação Especial, 2007c.
v. 3. Disponível em: <http://portal.mec.gov.br/seesp/arquivos/pdf/
altashab4.pdf>. Acesso em: 19 fev. 2020.

_____. Criatividade e altas habilidades/superdotação. **Revista
Educação Especial**, n. 28, p. 219-232, nov. 2006. Disponível em:
<https://periodicos.ufsm.br/educacaoespecial/article/view/4287>.
Acesso em: 18 fev. 2020.

_____. Psicologia e educação do superdotado: definição, sistema
de identificação e modelo de estimulação. **Cadernos de
Psicologia**, v. 5, n. 1, p. 37-50, 1999. Disponível em: <http://www.
cadernosdepsicologia.org.br/index.php/cadernos/article/view/19>.
Acesso em: 19 fev. 2020.

FLEITH, D. de S.; ALENCAR, E. M. S. de. Percepção de alunos
do ensino fundamental quanto ao clima de sala de aula para

criatividade. **Psicologia em Estudo**, Maringá, v. 11, n. 3, p. 513-521, set./dez 2006. Disponível em: <http://www.scielo.br/scielo.php?script=sci_abstract&pid=S1413-73722006000300007&lng=e&nrm=iso&tlng=pt>. Acesso em: 19 fev. 2020.

FRANÇOYS Gagné, Ph. D. Disponível em: http://8congreso.delasalle.edu.mx/imagenes/curriculum/Gagne.pdf>. Acesso em: 2 mar. 2020.

FRAZÃO, D. **Albert Einstein**: biografia de Albert Einstein. Disponível em: <https://www.ebiografia.com/albert_einstein/>. Acesso em: 18 fev. 2020.

_____. **Lev Vygotsky**: psicólogo bielo-russo. Disponível em: <https://www.ebiografia.com/lev_vygotsky/>. Acesso em: 19 fev. 2020.

FREEMAN, J.; GUENTHER, Z. C. **Educando os mais capazes**: ideias e ações comprovadas. São Paulo: EPU, 2000.

FREITAS, S. N. A formação de professores na educação inclusiva: construindo a base de todo o processo. In: RODRIGUES, D. (Org.). **Inclusão e educação**: doze olhares sobre a educação inclusiva. São Paulo: Summus, 2006. p.113-128.

GAGNÉ, F. **Building Gifts into Talents**: Brief Overview of the DMGT 2.0. ResearchGate, fev. 2012. Disponível em: <https://www.researchgate.net/publication/287583969_Building_gifts_into_talents_Detailed_overview_of_the_DMGT_20>. Acesso em: 19 fev. 2020.

_____. Giftedness and Talent: Reexamining a Reexamination of the Definitions. **Gifted Child Quarterly**, v. 29, n. 3, p. 103-112, jul. 1985.

GAMA, M. C. S. S. As teorias de Gardner e de Sternberg na educação de superdotados. **Revista Educação Especial**, Santa Maria, v. 27, n. 50, p. 665-674, set./dez. 2014. Disponível em: <https://periodicos.ufsm.br/educacaoespecial/article/view/14320>. Acesso em: 19 fev. 2020.

GAMA, M. C. S. S. **Educação de superdotados:** teoria e prática. São Paulo: EPU, 2006.

_____. Parceria entre família e escola. In: FLEITH, D. S. (Org.). **A construção de práticas educacionais para alunos com altas habilidades/superdotação**. Brasília: Ministério da Educação/ Secretaria de Educação Especial, 2007. p. 61-73. v. 3. Disponível em: <http://portal.mec.gov.br/seesp/arquivos/pdf/altashab4.pdf>. Acesso em: 19 fev. 2020.

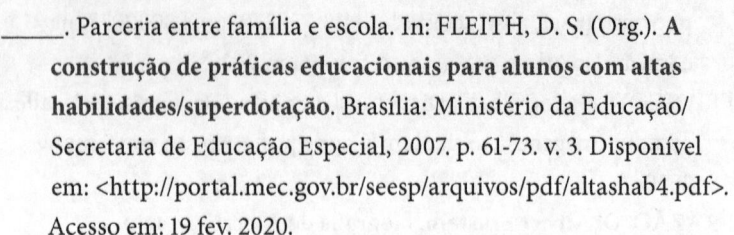

GARDNER, H. **Estruturas da mente:** a teoria das múltiplas inteligências. Tradução de Maria Carmen Silveira Barbosa e Maria Adriana Verissimo Veronese. Porto Alegre: Artmed, 1994.

GARDNER, H. **Inteligências múltiplas:** a teoria na prática. Tradução de Maria Adriana Verissimo Veronese. Porto Alegre: Artmed, 1995.

GARDNER, H. **Frames of mind:** The theory of multiple intelligences. New York: Basic Books, 1983.

GERMANI, L. M. B. **Características de altas habilidades/ superdotação e de déficit de atenção/hiperatividade**: uma contribuição à família e à escola. 178 f. Tese (Mestrado em Educação) – Programa de Pós-Graduação em Educação da Faculdade de Educação, Pontifícia Universidade Católica do Rio Grande do Sul, Porto Alegre, 2006. Disponível em: <http://www.portaldeacessibilidade.rs.gov.br/uploads/1209411199dissertacao_de_mestrado_larice_bonato_germani.pdf>. Acesso em: 19 fev. 2020.

GOTTFREDSON, L. S. Mainstream Science on Intelligence: An Editorial With 52 Signatories, History, and Bibliography. **Intelligence**, v. 24, n. 1, p. 13-23, 1997. Disponível em: <https://www1.udel.edu/educ/gottfredson/reprints/1997mainstream.pdf>. Acesso em: 14 fev. 2020.

GUENTHER, Z. C. Criatividade e inteligência. In: BRASIL. Ministério da Educação. Secretaria de Educação Especial. **Saberes** e práticas da inclusão: desenvolvendo competências para o atendimento às necessidades educacionais especiais de alunos com altas habilidades/superdotação. 2. ed. Brasília, 2006. (Série Saberes e Práticas da Inclusão). p. 119-123. Disponível em: <http://portal.mec.gov.br/seesp/arquivos/pdf/altashabilidades.pdf>. Acesso em: 14 fev. 2020.

GUENTHER, Z. C. **Desenvolver capacidades e talentos**: um conceito de inclusão. 2.ed. Petrópolis: Vozes, 2000.

_____. Metodologia Cedet: caminhos para desenvolver potencial e talento. **Polyphonía**, v. 22, n. 1, p. 83-107, jan./jun. 2011. Disponível em: <https://www.researchgate.net/publication/272852449_Metodologia_Cedet_caminhos_para_desenvolver_potencial_e_talento>. Acesso em: 18 fev. 2020.

GUENTHER, Z. C.; RONDINI, C. A. Capacidade, dotação, talento, habilidades: uma sondagem da conceituação pelo ideário dos educadores. **Educação em Revista**, Belo Horizonte, v. 28, n. 1, p. 237-266, mar. 2012. Disponível em: <http://www.scielo.br/scielo.php?pid=S0102-46982012000100011&script=sci_abstract&tlng=pt>. Acesso em: 14 fev. 2020.

GUILFORD, J. P. **The Nature of Human Intelligence**. New York: McGraw-Hill, 1967.

HOUAISS, A.; VILLAR, M. de S. **Dicionário eletrônico Houaiss da língua portuguesa**. versão 3.0. Rio de Janeiro: Instituto Antônio Houaiss; Objetiva, 2009. 1 CD-ROM.

INEP – Instituto Nacional de Estudos e Pesquisas Educacionais Anísio Teixeira. **Censo escolar da educação básica 2016**: resumo técnico. Brasília, 2017.

LANDAU, E. **A coragem de ser superdotado**. Tradução de Sandra Miessa e Christina Cupertino. São Paulo: Arte & Ciência, 2002.

LÁZARO, V. **O superdotado e a família**. In: SEMINÁRIO NACIONAL SOBRE SUPERDOTADOS, 6., 1981, Porto Alegre. **Anais**... Porto Alegre, 1981. p. 85-87.

LOPES, R. M. F. et al. Reflexões teóricas e práticas sobre a interpretação da Escala de Inteligência de Wechsler para adultos. **Acta Colombiana de Psicología**, v. 15, n. 2, p. 109-118, 2012. Disponível em: <http://www.scielo.org.co/scielo.php?script=sci_abstract&pid=S0123-91552012000200011>. Acesso em: 14 fev. 2020.

LUBART, T. **Psicologia da criatividade**. Tradução de Márcia Conceição Machado Moraes. Porto Alegre: Artmed, 2007.

MAIA-PINTO, R. R.; FLEITH, D. de S. Avaliação das práticas educacionais de um programa de atendimento a alunos superdotados e talentosos. **Psicologia Escolar e Educacional**, Campinas, v. 8, n. 1, p. 55-66, jun. 2004. Disponível em: <http://www.scielo.br/scielo.php?script=sci_arttext&pid=S1413-85572004000100007>. Acesso em: 17 fev. 2020.

MAIOR, C. D. S.; WANDERLEY, J. de L. A teoria vygotskyana das funções psíquicas superiores e sua influência no contexto escolar inclusivo. In: CONGRESSO INTERNACIONAL DE EDUCAÇÃO INCLUSIVA (CINTEDI), 2., 2016, Campina Grande. **Anais...** Campina Grande: Realize Eventos & Editora, 2016. Disponível em: <https://editorarealize.com.br/revistas/cintedi/trabalhos/TRABALHO_EV060_MD1_SA12_ID2646_13102016173601.pdf>. Acesso em: 19 fev. 2020.

MARTINS, B. A.; CHACON, M. C. M. Características de altas habilidades/superdotação em aluno precoce: um estudo de caso. **Revista Brasileira de Educação Especial**, Marília, v. 22, n. 2, p. 189-202, abr./jun. 2016a. Disponível em: <http://www.scielo.br/scielo.php?pid=S1413-65382016000200189&script=sci_abstract&tlng=pt>. Acesso em: 18 fev. 2020.

_____. Crianças precoces com indicadores de altas habilidades/superdotação: as características que contrariam a imagem de aluno "ideal". **Educação Unisinos**, v. 20, n. 1, p. 96-105, jan./abr. 2016b. Disponível em: <http://revistas.unisinos.br/index.php/educacao/article/view/edu.2016.201.10>. Acesso em: 18 fev. 2020.

MARTINS, B. A.; PEDRO, K. M. Atenção educacional a alunos com altas habilidades/superdotação: acelerar é a melhor alternativa? In: ENCONTRO DA ASSOCIAÇÃO BRASILEIRA DE PESQUISADORES EM EDUCAÇÃO ESPECIAL, 8., 2013, Londrina. Disponível em: <https://www.marilia.unesp.br/Home/Extensao/papah/anais-_-barbara-e-ketilin.pdf>. Acesso em: 20 fev. 2020.

MARTINS, C. S. R. **A identificação do aluno com potencial para altas habilidades/superdotação no sistema educacional adventista em Manaus**. 199 f. Dissertação (Mestrado em Educação) – Faculdade de Educação, Universidade Federal do Amazonas, Manaus, 2006. Disponível em: <https://tede.ufam.edu.br/handle/tede/3231>. Acesso em: 17 fev. 2020.

MAXIMIANO, A. C. A. **Recursos humanos**: estratégia e gestão de pessoas na sociedade global. Rio de Janeiro: LTC, 2014.

MENDAGLIO, S. **Dabrowski's Theory of Positive Disintegration**. Arizona: Great Potential Press Inc., 2008.

MERLON, S. **O aluno com altas habilidades/superdotação e sua inclusão na escola**. 25 f. Monografia (Especialização em Educação Especial: Altas Habilidades/Superdotação) – Universidade Federal de Santa Maria, Santa Maria, 2008. Disponível em: <https://repositorio.ufsm.br/bitstream/handle/1/2775/Merlo_Sandra.pdf?sequence=1&isAllowed=y>. Acesso em: 19 fev. 2020.

METTRAU, M. B.; REIS, H. M. M. de S. Políticas públicas: altas habilidades/superdotação e a literatura especializada no contexto da educação especial/inclusiva. **Ensaio: Avaliação e Políticas Públicas para Educação**, Rio de Janeiro, v. 15, n. 57, p. 489-509, out./dez. 2007. Disponível em: <http://www.scielo.br/scielo.php?script=sci_arttext&pid=S0104-40362007000400003>. Acesso em: 14 fev. 2020.

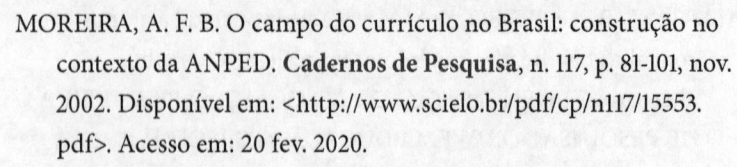

MOREIRA, A. F. B. O campo do currículo no Brasil: construção no contexto da ANPED. **Cadernos de Pesquisa**, n. 117, p. 81-101, nov. 2002. Disponível em: <http://www.scielo.br/pdf/cp/n117/15553.pdf>. Acesso em: 20 fev. 2020.

NOVAES, M. H. **Desenvolvimento psicológico do superdotado**. São Paulo: Atlas, 1979.

OLIVEIRA, M. A. C. **Psicopedagogia institucional**: a instituição em foco. Curitiba: Ibpex, 2008.

OLIVEIRA, M. K. de. **Vygotsky**: aprendizado e desenvolvimento: um processo sócio-histórico. São Paulo: Scipione, 1997.

OLIVEIRA, M. K. Vygotsky e o processo de formação de conceitos. In: LA TAILLE, Y.; OLIVEIRA, M. K.; DANTAS, H. **Piaget, Vygotsky, Wallon**: teorias psicogenéticas em discussão. São Paulo: Summus, 1992. p. 23-34.

ONU – Organização das Nações Unidas. **Declaração Universal dos Direitos Humanos**. 1948. Disponível em: <https://nacoesunidas.org/direitoshumanos/declaracao/>. Acesso em: 19 fev. 2020.

OUROFINO, V. T. A. T. de; GUIMARÃES, T. G. Características intelectuais, emocionais e sociais do aluno com altas habilidades/superdotação. In: FLEITH, D. de S. (Org.). **A construção de práticas educacionais para alunos com altas habilidades/superdotação**. Brasília: Ministério da Educação/Secretaria de Educação Especial, 2007. p. 41-52. v. 1. Disponível em: <http://www.dominiopublico.gov.br/download/texto/me004654.pdf>. Acesso em: 18 fev. 2020.

PAULINO, C. E.; PEDRO, K. M.; CHACON, M. C. M. Altas habilidades e neurociência cognitiva. In: ENCONTRO CIENTÍFICO E SIMPÓSIO DE EDUCAÇÃO UNISALESIANO, 3., 2011, Lins. **Anais...** Lins: Unisalesiano, 2011. Disponível em: <http://www.unisalesiano.edu.br/simposio2011/publicado/artigo0005.pdf>. Acesso em: 18 fev. 2020.

PEREIRA, V. L. P. Superdotação e currículo escolar: potenciais superiores e seus desafios da perspectiva da educação inclusiva. In: VIRGOLIM, A. M. R; KONKIEWITZ, E. C. (Org.). **Altas habilidades/superdotação, inteligência e criatividade**. Campinas: Papirus, 2014. p. 373-388.

PÉREZ, S. G. P. B. Altas habilidades/superdotação: mais vale prevenir. **Pediatria Moderna**, v. 50, n. 1, p. 40-48, jan. 2013.

_____. **Gasparzinho vai à escola**: um estudo sobre as características do aluno com altas habilidades produtivo-criativo. 306 f. Dissertação (Mestrado em Educação) – Faculdade de Educação, Pontifícia Universidade Católica do Rio Grande do Sul, Porto Alegre, 2004. Disponível em: <http://www.bdae.org.br:8080/jspui/bitstream/123456789/898/1/tese.pdf>. Acesso em: 20 fev. 2020.

_____. Mitos e crenças sobre as pessoas com altas habilidades: alguns aspectos que dificultam o seu atendimento. **Revista Educação Especial**, n. 22, p. 45-59, 2003. Disponível em: <https://periodicos.ufsm.br/educacaoespecial/article/view/5004>. Acesso em: 17 fev. 2020.

_____. **Ser ou não ser, eis a questão**: o processo de construção da identidade na pessoa com altas habilidades/superdotação adulta. 230 f. Tese (Doutorado em Educação) – Faculdade de Educação da Pontifícia Universidade Católica do Rio Grande do Sul, Pontifícia Universidade Católica do Rio Grande do Sul, Porto Alegre, 2008. Disponível em: <http://repositorio.pucrs.br/dspace/handle/10923/2662>. Acesso em: 17 fev. 2020.

PÉREZ, S. G. P. B.; FREITAS, S. N. Encaminhamentos pedagógicos com alunos com altas habilidades/superdotação na educação básica: o cenário brasileiro. **Educar em Revista**, Curitiba, n. 41, p. 109-124, jul./set. 2011. Disponível em: <http://www.scielo.br/scielo.php?script=sci_arttext&pid=S0104-40602011000300008>. Acesso em: 17 fev. 2020.

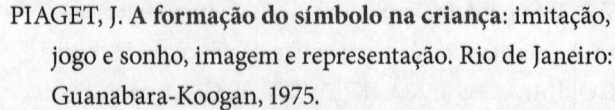

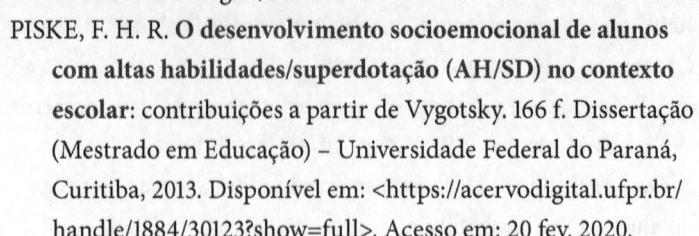

PIAGET, J. **A formação do símbolo na criança**: imitação, jogo e sonho, imagem e representação. Rio de Janeiro: Guanabara-Koogan, 1975.

PISKE, F. H. R. **O desenvolvimento socioemocional de alunos com altas habilidades/superdotação (AH/SD) no contexto escolar**: contribuições a partir de Vygotsky. 166 f. Dissertação (Mestrado em Educação) – Universidade Federal do Paraná, Curitiba, 2013. Disponível em: <https://acervodigital.ufpr.br/handle/1884/30123?show=full>. Acesso em: 20 fev. 2020.

PISKE, F. H. R.; STOLTZ, T.; CAMARGO, D. de. A compreensão de Vigotski sobre a criança com altas habilidades/superdotação, genialidade e talento. In: PISKE, F. H. R. et al. (Org.). **Altas Habilidades/Superdotação (AH/SD) e criatividade**: identificação e atendimento. Curitiba: Juruá, 2016. p. 207-217.

PLETSCH, M. D.; FONTES, R. de S. O atendimento educacional de alunos com altas habilidades: uma prática em construção. In: GLAT, R. (Org.). **Educação inclusiva**: cultura e cotidiano escolar. Rio de Janeiro: 7 Letras, 2009. p.172-185

RELVAS, M. P. **Fundamentos biológicos da educação**: despertando inteligências e afetividade no processo de aprendizagem. 3. ed. Rio de Janeiro: Wak, 2008.

_____. **Neurociências na prática pedagógica**. Rio de Janeiro: Wak, 2012.

RENZULLI, J. S. **Intervención e investigación psicoeducativas en alumnos superdotados**. Salamanca: Amarú, 1994.

_____. Modelo de enriquecimento para toda a escola: um plano abrangente para o desenvolvimento de talentos e superdotação. Tradução de Susana Gacriela Pérez Barrera. **Revista Educação Especial**, v. 27, n. 50, p. 539-562, 2014. Disponível em: <https://periodicos.ufsm.br/educacaoespecial/article/view/14676/pdf>. Acesso em: 28 fev. 2020.

_____. O que é esta coisa chamada superdotação, e como a desenvolvemos? Uma retrospectiva de vinte e cinco anos.

Educação, Porto Alegre, ano 27, n. 1, p. 75-131, jan./abr. 2004. Disponível em: <http://revistaseletronicas.pucrs.br/ojs/index.php/faced/article/viewFile/375/272>. Acesso em: 19 fev. 2020

RENZULLI, J. S. The Three-Ring Conception of Giftedness: a Developmental Model for Creative Productivity. In: RENZULLI, J. S.; REIS, S. M. (Ed.). **The Triad Reader**. Mansfield Center: Creative Learning Press, 1986. p. 2-19.

RENZULLI, J. S.; SMITH, L. H.; REIS, S. M. Curriculum Compacting: an Essential Strategy for Working with Gifted Students. **Elementary School Journal**, p. 185- 194, 1982.

REYNAUD, M. L. D.; RANGNI, R. de A. O atendimento aos alunos com altas habilidades à luz da legislação brasileira. In: RANGNI, R. de A.; MASSUDA, M. B.; COSTA, M. da P. R. da. (Org.). **Altas habilidades/superdotadação**: temas para pesquisa e discussão. São Paulo: EdUFSCar, 2017. p. 68-85.

ROBERT STERNBERG. In: **Infopédia**: dicionários Porto Editora. Disponível em: <https://www.infopedia.pt/apoio/artigos/$robert-sternberg>. Acesso em: 19 fev. 2020.

RODRIGUES, N. A. A formação inicial de professores na Educação Infantil oferece subsídios para a docência com alunos com altas habilidades/superdotação. In: BRANCHER, V. R.; FREITAS, S. N. de. (Org.). **Altas habilidades/superdotação**: conversas e ensaios acadêmicos. Jundiaí: Paco, 2011. p. 159-170.

SABATELLA, M. L. P. **Talento e superdotação**: problemas ou solução. 2. ed. Curitiba: Ibpex, 2005.

SABBATINI, R. M. E. A evolução da inteligência humana. **Mente e Comportamento**, n. 12, 2011. Disponível em: <http://www.cerebromente.org.br/n12/mente/evolution/evolution.htm>. Acesso em: 19 fev. 2020.

SAKAGUTI, P. M. Y. Agrupamentos por interesse. In: ENCONTRO NACIONAL DO CONBRASD, 4.; CONGRESSO INTERNACIONAL SOBRE ALTAS HABILIDADES/

SUPERDOTAÇÃO, 1.; SEMINÁRIO SOBRE ALTAS HABILIDADES/SUPERDOTAÇÃO DA UFPR, 4., 2010, Curitiba. **Anais...** Curitiba: Ed. da UFPR, 2010.

SAKAGUTI, P. M. Y. **As interações familiares no desenvolvimento afetivo-emocional do indivíduo com altas habilidades/ superdotação:** a questão do assincronismo. 304 f. Tese (Doutorado em Educação) – Programa de Pós-Graduação em Educação, Setor de Ciências Humanas, Universidade Federal do Paraná, Curitiba, 2017. Disponível em: <https://acervodigital.ufpr.br/handle/1884/55203>. Acesso em: 19 fev. 2020.

SAKAGUTI, P. M. Y.; BOLSANELLO, M. A. A família e o aluno com altas habilidades/ superdotação. In: MOREIRA, L. C. et al. **Altas habilidades/superdotação, talento, dotação e educação.** Curitiba: Juruá, 2012.

SANTANA, A. L. **Gênio.** Disponível em: <https://www.infoescola.com/psicologia/genio/>. Acesso em: 18 fev. 2020.

SANT'ANA, L. de A. **A individualização do ensino nos enriquecimentos de Renzulli e Reis:** ampliando o empenho e o desempenho. 200 f. Tese (Doutorado em Psicologia da Educação) – Pontifícia Universidade Católica de São Paulo, São Paulo, 2016. Disponível em: <https://tede2.pucsp.br/handle/handle/19341#preview-link0>. Acesso em: 17 fev. 2020.

SANT'ANNA, C. et al. Debates científicos: compreendendo a identidade das altas habilidades/superdotação no Brasil. In: CONGRESSO NACIONAL DE EDUCAÇÃO (EDUCERE), 12., 2015, Curitiba. **Anais...** Curitiba: PUCPR, 2015. Disponível em: <http://educere.bruc.com.br/arquivo/pdf2015/16057_7556.pdf>. Acesso em: 17 fev. 2020.

SILVERMAN, L. Personality Development and the Gifted. Gifted Development Center. **MENSA Bulletin**, C-175, 1986.

SIMONETTI, D. C. **Altas habilidades:** revendo concepções e conceitos. ABAHSD – Associação Brasileira para Altas Habilidades/Superdotados, 2007.

SIMONETTI, D. C. **Crianças superdotadas**: mitos. ABAHSD – Associação Brasileira para Altas Habilidades/Superdotados, 1998.

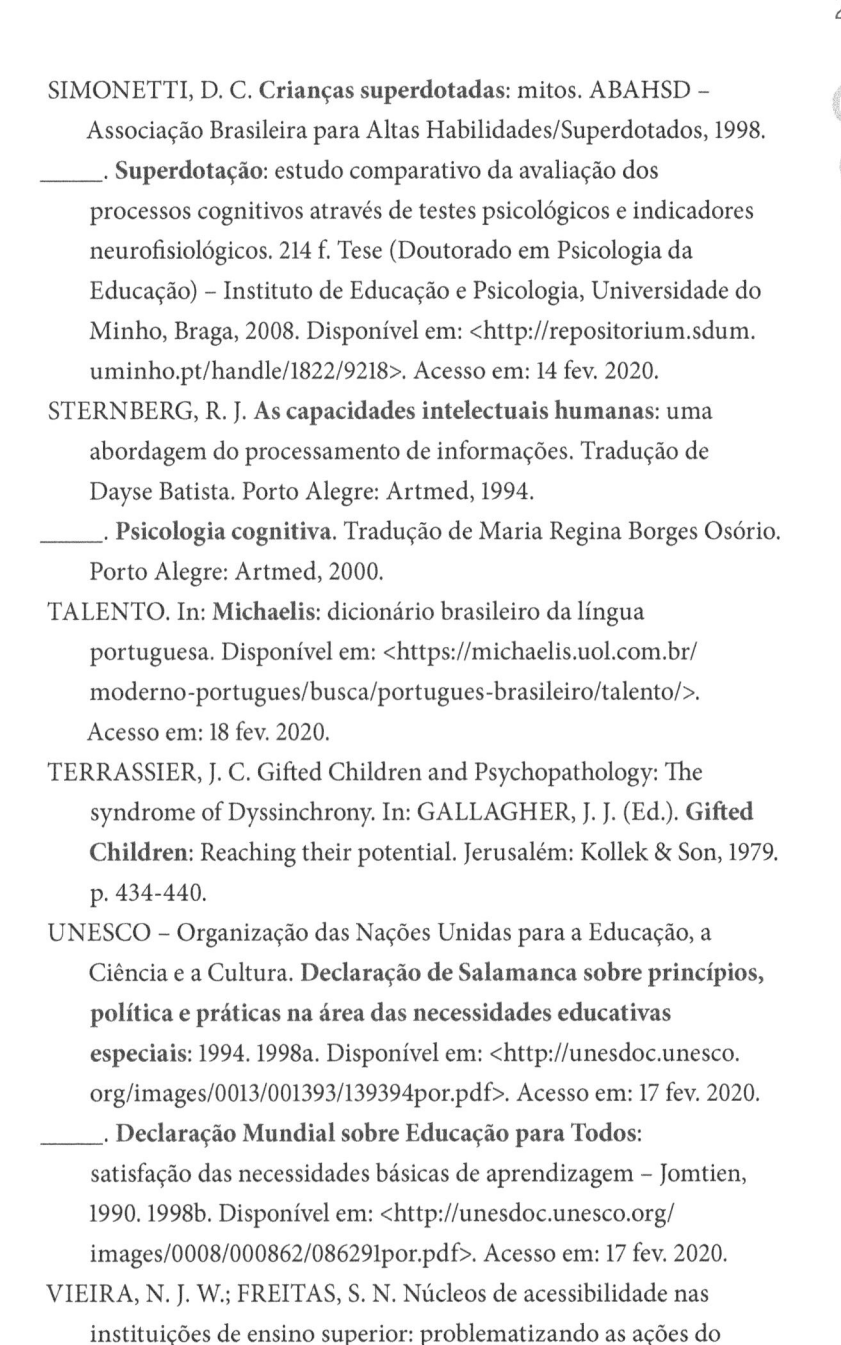

_____. **Superdotação**: estudo comparativo da avaliação dos processos cognitivos através de testes psicológicos e indicadores neurofisiológicos. 214 f. Tese (Doutorado em Psicologia da Educação) – Instituto de Educação e Psicologia, Universidade do Minho, Braga, 2008. Disponível em: <http://repositorium.sdum.uminho.pt/handle/1822/9218>. Acesso em: 14 fev. 2020.

STERNBERG, R. J. **As capacidades intelectuais humanas**: uma abordagem do processamento de informações. Tradução de Dayse Batista. Porto Alegre: Artmed, 1994.

_____. **Psicologia cognitiva**. Tradução de Maria Regina Borges Osório. Porto Alegre: Artmed, 2000.

TALENTO. In: **Michaelis**: dicionário brasileiro da língua portuguesa. Disponível em: <https://michaelis.uol.com.br/moderno-portugues/busca/portugues-brasileiro/talento/>. Acesso em: 18 fev. 2020.

TERRASSIER, J. C. Gifted Children and Psychopathology: The syndrome of Dyssinchrony. In: GALLAGHER, J. J. (Ed.). **Gifted Children**: Reaching their potential. Jerusalém: Kollek & Son, 1979. p. 434-440.

UNESCO – Organização das Nações Unidas para a Educação, a Ciência e a Cultura. **Declaração de Salamanca sobre princípios, política e práticas na área das necessidades educativas especiais**: 1994. 1998a. Disponível em: <http://unesdoc.unesco.org/images/0013/001393/139394por.pdf>. Acesso em: 17 fev. 2020.

_____. **Declaração Mundial sobre Educação para Todos**: satisfação das necessidades básicas de aprendizagem – Jomtien, 1990. 1998b. Disponível em: <http://unesdoc.unesco.org/images/0008/000862/086291por.pdf>. Acesso em: 17 fev. 2020.

VIEIRA, N. J. W.; FREITAS, S. N. Núcleos de acessibilidade nas instituições de ensino superior: problematizando as ações do

Núcleo de Apoio à pessoa com deficiência e altas habilidades/ superdotação na UFSM. In: SILUK, A. C. P. (Org.). **Atendimento educacional especializado**: processos de aprendizagem na universidade. Santa Maria: Ed. da UFSM, 2013. p. 246-263.

VILLARRAGA, M.; MARTÍNEZ, P.; BENAVIDES, M. Hacia la definición del término talento. In: BENAVIDES, M. et al. (Ed.) **La educación de niños con talento en Iberoamérica**. Santiago: Unesco/Oficina Regional de Educación para América Latina y el Caribe, 2004. p. 25-35. Disponível em: <https://unesdoc.unesco.org/ark:/48223/pf0000139179>. Acesso em: 14 fev. 2020.

VIRGOLIM, A. M. R. A criança superdotada e a questão da diferença: um olhar sobre suas necessidades emocionais, sociais e cognitivas. **Linhas Críticas**, Brasília, v. 9, n. 16, p. 13-31, jan./jun. 2003. Disponível em: <https://periodicos.unb.br/index.php/linhascriticas/article/view/3089>. Acesso em: 14 fev. 2020.

_____. A inteligência em seus aspectos cognitivos e não cognitivos na pessoa com altas habilidades/superdotação: uma visão histórica. In: VIRGOLIM, A. M. R.; KONKIEWITZ, E. C. (Org.). **Altas habilidades/superdotação, inteligência e criatividade**. Campinas: Papirus, 2014. p. 23-64.

_____. **Altas habilidades/superdotação**: encorajando potenciais. Brasília: Ministério da Educação/Secretaria de Educação Especial, 2007. Disponível em: <http://www.dominiopublico.gov.br/download/texto/me004719.pdf>. Acesso em: 18 fev. 2020.

_____. Aspectos emocionais e assincrônicos da superdotação. In: ENCONTRO NACIONAL DO CONBRASD, 4.; CONGRESSO INTERNACIONAL SOBRE ALTAS HABILIDADES/SUPERDOTAÇÃO, 1.; SEMINÁRIO SOBRE ALTAS HABLIDADES/SUPERDOTAÇÃO DA UFPR, 4., 2010, Curitiba. **Anais**... Curitiba: Ed. da UFPR, 2010. Disponível em: <http://cursoaltashabilidades.blogspot.com/2015/04/assincronismo.html>. Acesso em: 28 fev. 2020.

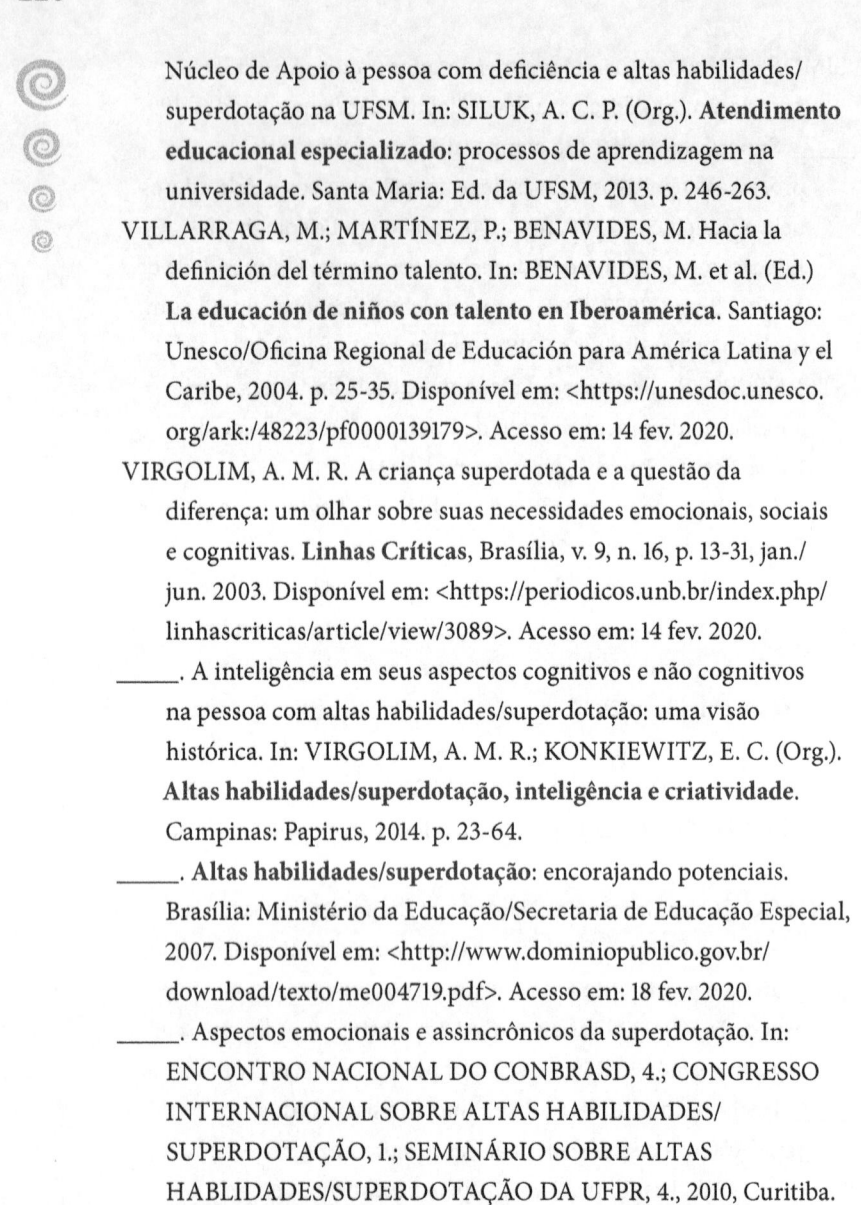

VIRGOLIM, A. M. R. O indivíduo superdotado: história, concepção e identificação. **Psicologia: Teoria e pesquisa**, v. 13, n. 1, p. 173-183, jan./abr. 1997.

_____. Uma proposta para o desenvolvimento da criatividade na escola, segundo o modelo de Joseph Renzulli. **Cadernos de Psicologia**, v. 4, n. 1, p. 97-111, out. 1998.

VIRGOLIM, A. M. R.; FLEITH, D. S.; NEVES-PEREIRA, M. S. **Toc tom...plim plim!**: lidando com as emoções, brincando com o pensamento através da criatividade. 12. ed. Campinas: Papirus, 2012.

VYGOTSKY, L. S. **Imaginação e criação na infância**. Tradução de Zoia Prestes. São Paulo: Ática, 2009.

_____. **Pensamento e linguagem**. Tradução de Jefferson Luiz Camargo. 3. ed. São Paulo: M. Fontes, 2005.

VYGOTSKI, L. S.; LURIA, A. R. **Estudos sobre a história do comportamento**: símios, homem primitivo e criança. Porto Alegre: Artmed, 1996.

WECHSLER, S. M. A identificação do talento criativo nos Estados Unidos e no Brasil. **Psicologia: Teoria e Pesquisa**, n. 1, p. 140-147, 1985.

_____. Problemática da identificação de superdotados/talentosos. In: SANTOS, O. B. (Org.). **Superdotados**: Quem são? Onde estão? São Paulo: Pioneira, 1988. p. 55-63.

WINNER, E. **Crianças superdotadas**: mitos e realidades. Tradução de Sandra Costa. Porto Alegre: Artmed, 1998.

WOYCIEKOSKI, C.; HUTZ, C. S. Inteligência emocional: teoria, pesquisa, medida, aplicações e controvérsias. **Psicologia: Reflexão e Crítica**, Porto Alegre, v. 22, n. 1, p. 1-11, 2009. Disponível em: <http://www.scielo.br/scielo.php?script=sci_arttext&pid=S0102-79722009000100002>. Acesso em: 14 fev. 2020.

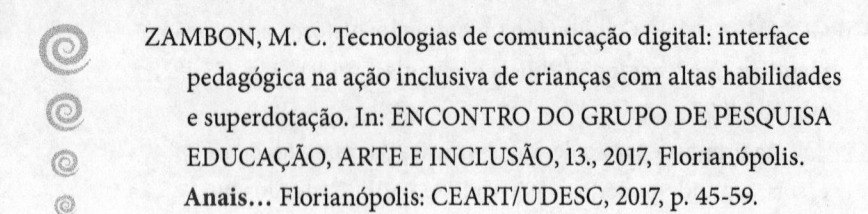

ZAMBON, M. C. Tecnologias de comunicação digital: interface pedagógica na ação inclusiva de crianças com altas habilidades e superdotação. In: ENCONTRO DO GRUPO DE PESQUISA EDUCAÇÃO, ARTE E INCLUSÃO, 13., 2017, Florianópolis. **Anais...** Florianópolis: CEART/UDESC, 2017, p. 45-59.

Bibliografia comentada

ALENCAR, E. M. L. S. de. **Como desenvolver o potencial criador:** um guia para a liberação da criatividade em sala de aula. 11. ed. Petrópolis: Vozes, 2009.
   O livro trata sobre diversos aspectos da criatividade, como a imaginação, as nuances da personalidade do indivíduo, as maneiras para se resolver problemas de modo criativo e os bloqueios emocionais. Além disso, coloca em discussão a concepção de que a criatividade é um dom limitado a poucas pessoas, imaginário que resulta no desconhecimento dos potenciais criativos.

ASSIS, A. L. A. **Influências da psicanálise na educação:** uma prática psicopedagógica. 2. ed. rev. Curitiba: Ibpex, 2007. (Série Psicologia em Sala de Aula)
   A autora dessa obra salienta a importância dos saberes coletados da psicologia freudiana para a aplicabilidade das técnicas de aperfeiçoamento escolar, uma vez que os textos do psicanalista e de seus discípulos proporcionam um melhor entendimento sobre o comportamento dos alunos.

CARVALHO, R. E. **Educação inclusiva:** com os pingos nos "is". 10. ed. Porto Alegre: Mediação, 2014.
   A autora, que tem na bagagem inúmeros textos a respeito do assunto *educação inclusiva*, destaca a relevância em se *colocar os pingos nos is*, uma vez que o desencontro entre diversas práticas e teorias sobre o tema gera confusão e produz uma série de incertezas e obstáculos na implementação dos processos inclusivos, em razão também da resistência dos professores.

GAMA, M. C. S. S. **Educação de superdotados:** teoria e prática. São Paulo: EPU, 2006.

A autora é doutora em educação de superdotados pela Universidade de Columbia e atua há 15 anos tanto no ambiente escolar quanto fora dele com alunos superdotados. Na obra, ela fundamenta-se nos processos de desenvolvimento, nos pormenores e nos caminhos que podem ser adotados para o ensino desses educandos. Além disso, há a descrição de experiências criadas por suas colaboradoras. Por meio de programas diferenciados, os superdotados têm a chance de desenvolver seu potencial cognitivo e de terem contato com situações desafiadoras.

SABATELLA, M. L. P. **Talento e superdotação:** problemas ou solução. 2. ed. Curitiba: Ibpex, 2005.

No livro em questão, Maria Lúcia Prado Sabatella elucida as características biológicas do cérebro; os saberes em torno da inteligência; as concepções oriundas do desconhecimento da superdotação; o panorama escolar dos superdotados no Brasil; os aspectos e a importância dos agentes externos no progresso do aluno – tópico que é esclarecido ao passar da teoria para a prática.

Respostas

Capítulo 1
Atividades de autoavaliação
1) a
2) c
3) a
4) b
5) d

Capítulo 2
Atividades de autoavaliação
1) b
2) c
3) a
4) c
5) d

Capítulo 3
Atividades de autoavaliação
1) b
2) a
3) d
4) b
5) b

Capítulo 4
Atividades de autoavaliação
1) c
2) b

3) b
4) d
5) b

Capítulo 5

Atividades de autoavaliação
1) c
2) b
3) b
4) d
5) d

Capítulo 6

Atividades de autoavaliação
1) d
2) d
3) c
4) a
5) d

Sobre a autora

Elizabeth Regina Streisky de Farias é doutora em educação (2017), mestre em educação na linha de Políticas Educacionais (2005) e graduada em Pedagogia (1995) pela Universidade Estadual de Ponta Grossa (UEPG). Atua como professora adjunta da Universidade Estadual do Paraná (Unespar) Campus Paranaguá, no Curso de Pedagogia. Tem pesquisa na área da educação, com foco na educação especial na perspectiva da educação inclusiva. É autora de diversas publicações a respeito da temática, entre elas *Dificuldades e distúrbios de aprendizagem* (2019), da editora InterSaberes.

Os papéis utilizados neste livro, certificados por instituições ambientais competentes, são recicláveis, provenientes de fontes renováveis e, portanto, um meio **responsável** e natural de informação e conhecimento.

FSC
www.fsc.org
MISTO
Papel | Apoiando o manejo florestal responsável
FSC® C103535

Impressão: Reproset